2015 浙商发展报告:国家战略与社会责任

李建华 著

浙江工商大學出版社
ZHEJIANG GONGSHANG UNIVERSITY PRESS

鸣谢:问对(上海)企业管理咨询有限公司
www.问对.com

前　言

早在 20 世纪 90 年代就率先走出国门的浙商，进入新世纪以来充分把握中国加入世界贸易组织的历史机遇。随着中国参与全球化进程的不断加深，浙商不仅在中国市场经济中引人注目，也作为当代中国民营经济的代表开始在全球范围内产生影响。

近年来，特别是 2008 年全球金融危机以来，浙商的海外投资和跨国经营稳步推进。在国际化发展进程中，浙商早已融入到整个国家在全球的崛起进程中。国家鼓励民营经济“走出去”的战略，提升了民营经济和浙商海外经营的层次；民营经济和浙商的实践，也为实施面向全球的国家战略提供支撑。作为浙商，我们再次积极把握新一代中国领导人提出的“一带一路”战略先机，为中国企业的跨国经营，也为中国经济力量提升，努力贡献自己的力量。

多年来，民营经济的迅速发展，得益于中国特色社会主义的伟大实践，得益于政府引领和政策指导，得益于社会各界的支持。浙商今天能够成长为浙江社会经济发展的重要支撑力量、中国民营经济中最具实力的群体以及具有跨国经营能力的“草根”队伍，离不开全社会的支持。今天，为保护环境、再造“绿水青山”，为建立公正、公平的社会秩序，为发展教育科学文化，为社会慈善事业，积极承担自己应担负的社会责任，已经成为广大浙商和民营经济的新担当。

走可持续发展之路、积极参与“一带一路”、积极承担社会责任，浙商将会做得更好！

我们将在浙商研究上继续努力，不断取得新成果！

目　　录

概　要

随着人口拐点到来、收入水平提高、知识和技能提升、资本积累和金融体系发展、信息基础设施普及和网络经济发展、民营经济比重增加，中国经济社会发展越来越呈现出新的阶段特征。

值此时机，当代浙商发展也处于近40年来最具质变特征的发展阶段。融合所谓实体经济和金融，打通国内外市场，利用国内外资源发展跨国经营，在企业层面贯彻资源环境社会的全面可持续发展，是不少杰出浙商多年努力的方向。今天，这已经成为浙商在全球化舞台上参与全球范围竞争的标志。对应于中国在全球影响力的提升，浙商发展真正进入了全球化时代。

一、改革和政策背景

2014—2015年，中国新一代领导人已经开始全面掌握中国政治社会经济发展大势。在保持整体经济稳定可持续发展的框架内深化改革，以全球化和全球战略为背景和舞台来谋划中国未来发展，有所作为，是新一代领导人明确展示的战略思维和发展理念。新一代领导人大力推行行政审批改革以解放生产力，努力促进大众创业、万众创新，实现经济结构调整和升级；深化国有企业改革和国有资产管理体制改革，提升国有经济竞争力；金融体制改革，为实体经济发展提供金融支撑，在全球化进程和金融开放中保持金融稳定，避免系统性、区域性金融危机；提出实施具有全球影响力的国家战略，以提升中国的国际地位，提升中国在全球世界经济金融体系中的影响力。

改革和宏观管理

目前中国经济正回归常态化,去杠杆是一个需要时间和技能来应对的问题。进一步全面深化改革以完善社会主义市场经济的微观基础和制度环境,是更迫切、更优先的主题。中国经济在中短期内维持7%左右的适度增速,也还需要把握政策分寸。货币存量多年来迅猛增长,过快地推高资产价格,客观上形成了释放风险的要求。不管是对宏观管理当局还是企业经营来说,资产管理和收益管理都开始成为一个新的重大主题。

曾经行之有效的宏观经济政策,面临效力打折扣甚至效力趋于枯竭的困境。中国经济分工和专业化程度加深,相应地要求提高经济管理的组织化程度,宏观经济管理的微观基础在变化,微观经济主体的制度环境也在变化。改革、财政、货币、国际经济关系等领域,从未像近两年这样密集调整变化。在宏观管理方面,中国政府着力于持续推出带有显著结构性特征的改革措施,财政政策和货币政策都带有显著的结构性特征,即所谓的定向调控。

货币政策与资本市场

2014年下半年至2015年9月,中国人民银行继续实施宽松的货币政策,多次高密度地下调基准利率和存款准备金率。与过去情况不同,货币政策带有显著的结构性特征。近期旨在提振实体经济的宽松货币政策,其政策效果与初衷仍有不小距离。宽松货币政策与实体经济发展之间的两难在于:宽松货币政策最直接的效果是导致资本市场繁荣,资本市场繁荣可能“挤出”或者抑制实体经济;货币政策从紧虽然能够抑制资本市场繁荣,但同时也会提高实体经济的即期成本。当我们不能找到有效方法分别对所谓虚拟经济和实体经济实行差别化的货币政策时,这种两难困境将永远存在。

自2014年9月至2015年8月的一年时间里,在实体经济增速下滑的背景下,中国股市走高又迅速下跌,人民币汇率高位波动。资本市场和货币市场看到机会出现,给中国金融体系带来一场不小的动荡,居民财富和许多企业经营都受到巨大影响。随着时间的推移,2015年中国股市的这场波动会使我们越来越看清其后果的严重性及其对新一代领导人关于未来战略谋划的影响。

2015年年中,由高杠杆融资膨胀、股指期货乱象直接诱发的股市暴跌,进一步促使资本市场中长期存在的不当政府干预、监管落后之风险快速暴露。需要强调的是，这一波资本市场博弈，既有中国社会经济长期积累的深层原因，也有全球经济和金融环境的原因。为制止和防止股市“断崖式”下滑，中国政府果断地采取了“适时的”“临时性的”和“针对性的”救市行动。

在大多数情况下，如果政府不是或者不能以建立和维持公平、公正、公开的市场秩序为第一要务，过多地直接参与和主导资本市场，则会带来相应问题。所幸的是，到目前为止，在历次全球性的金融危机和重大金融风险面前，中国都有幸成功避免了遭受系统性金融危机的打击。同时还应当意识到，与全球化相关的（不单纯局限于国内）金融风险和金融危机将成为今后中国潜在金融风险的主要来源。

人民币国际化和中国主导的国际金融机构发展

对于中国民营经济的国际化发展来说，提高人民币国际化程度无疑是需要努力追求的一个重要优势条件。多年来，民营经济发展是促进人民币国际化的重要力量。目前，美元、欧元、英镑是主要国际货币。

利率市场化程度不断深化，人民币汇率浮动范围扩大，国际货币互换发展，离岸人民币中心迅速发展，伦敦交易所接纳人民币做抵押，国际货币基金特别提款权的一揽子货币安排接纳人民币进程的推进人民币计价的大宗商品交易发展，等等，都在推动人民币国际化程度迅速提升。人民币有望很快成为第四大国际货币。

人民币国际化迅速推进将是民营经济大发展的重要外部条件和推动力，必将成为已经取得长足进展的浙商跨国经营和海外投资的最大长期利好。

中国主导的国际金融机构发展：丝路基金和亚洲基础设施投资开发银行

2014 年 10 月 24 日，21 个首批意向创始成员国的财长和授权代表在北京签约，共同决定成立亚洲基础设施投资银行（简称亚投行，Asian Infrastructure Investment Bank，AIIB）。亚洲基础设施投资银行由中国政府发起并主导，属于政府间性质的多边开发机构。

2014 年 12 月 29 日，丝路基金有限责任公司在北京注册成立并正式开始运行。依照《中华人民共和国公司法》，按照市场化、国际化、专业化原则设立的丝路基金,秉承商业化运作、互利共赢、开放包容的理念,尊重国际经济金融规则,通过以股权为主的多种市场化方式,投资于基础设施、资源开发、产业合作、金融合作等领域,促进共同发展、共同繁荣,实现合理的财务收益和中长期可持续发展。丝路基金的主要业务为中长期开发投资,重点是围绕服务于"一带一路"战略寻找投资机会并提供相应的投融资服务。

亚投行和丝路基金是由中国主导发起设立的国际性的金融组织。这对在大项目大工程中承接项目的浙商,乃至围绕相关境外工程项目开展商贸活动及生活服务的中小浙商,无疑都是一个重大利好。

二、大企业和上市公司

大企业最能代表浙商的成就。近年来,浙江民营经济在全国的地位,主要是通过浙商大企业在全国500家民营大企业中的地位来体现的。

浙商大企业地位变化

目前,浙江民营大企业在全国仍然保持领先地位,但优势开始逐渐减弱。根据全国工商联每年8月份前后发布的民营企业500强名单,2014年民营企业500强入围门槛为95.09亿元,较2013年增加3.87亿元,增幅为4.24%,比2013年增幅17.38%降低13.14个百分点;500家民营企业的营业收入合计达到146915.71亿元,户均293.83亿元,增速为11.20%,有4家企业营业收入突破2800亿元大关;500家企业资产合计138227.40亿元,户均276.45亿元,比2013年增长25.40%。

2002—2014年,浙江入选民营大企业500强的户数呈下降趋势,曾经鹤立鸡群的显著优势逐步降低。2004年、2005年是浙江民营大企业的巅峰时刻。随后呈明显下降趋势。浙商大企业在全国地位出现三次下降,第一次出现在2006年,第二次出现在2008年,第三次出现在2010年。2013—2014年,浙江民营大企业在全国的排名情况基本稳定下来,并继续保持领先地位。

十多年来,长三角地区可能是唯一一个呈下降趋势的大经济区,江浙沪入选全国民营企业500强的合计数从303家下降到243家。2002—2014年江苏入选全国民营大企业的户数明显上升,由2002年的78家上升到2009年的130家,此后几年有所下降和波动,至2014年江苏入选全国民营大企业的户数为91

家。上海入选民营大企业的户数也呈明显下降趋势,从 2002 年的 36 户下降到 2014 年的 14 户,降幅最大。江浙两省入选户数合计也是持续降低的。

从反腐败看政商关系

中共十八大以来,新一代领导人在反腐败方面的进展举世瞩目。在已经公布和媒体披露的许多反腐案件中,在近年诸多经济热点领域涉及权钱交易、权色交易的情况,都涉及浙商。这是我们不愿意看到的。由此,再度引发人们关于如何处理政商关系的深思。

我们痛心地看到,作为中国民营经济发展先锋的浙商,也在近年来密集暴露的许多反腐败个案中被提及。这些个案,促使我们反思浙商未来发展的重大问题,对未来如何构建良好的政商关系有所助益。

三、"一带一路"战略中的浙商

鼓励民营企业"走出去"和"一带一路"的国家战略,既是对浙商率先"走出去"的经验认可,也是对民营企业未来发展的准确把握。国家战略与民营经济发展在"走出去"上实现相互融合、彼此促进。浙商"走出国门"的率先实践为后来形成促进民营企业"走出去",以及"一带一路"的国家战略做了铺垫和准备;"走出去"和"一带一路"的国家战略,则为提升浙商"闯世界"提供了新的舞台和支撑。展望未来,必将有更多的浙商在"走出去"和"一带一路"中成长为世界级企业。

浙商企业"走出去"情况

根据对浙江省内 133 家"走出去"民营企业实名调研情况所示,具有相当规模和实力的企业是"走出去"的代表力量,2014 年营业收入 5 亿元以上的企业有 66 家,将近半数。这些企业大量雇用东道国当地员工,高达 76%的受调查企业(133 家)当地雇员占比 30%以上,当地人力资源优势(低成本或者高技能)是吸引浙商对外投资的主要原因之一。

产品或服务出口这一传统国际贸易形式仍然是浙商"走出去"最普遍的形式。在东道国新设企业或跨国并购,已经成为浙商对外投资的主要形式。在东道国新设企业、跨国并购两者合计 106 家(81%)。

影响企业“走出去”发展的因素,从企业自身来看,人才、知识等软因素,是制约企业对外投资发展最普遍、最重要的原因,资金仍是制约小部分企业对外发展的原因。国际经营管理人才的缺乏是最普遍的问题,专业技术人才缺乏、对东道国缺乏了解,也是比较普遍的问题,缺乏境外自我保护和维权能力、缺资金也是影响对外投资发展的自身因素。只有极少数企业,战略不清才是影响其对外投资发展的制约因素。专业服务缺乏是影响企业“走出去”发展的首位外部因素,其次还包括金融支持缺乏、外汇管制、出入境手续、相关企业在境外恶性竞争、对外投资涉及的领事保护、通关等。

关于国际贸易摩擦

33家企业承认遇到过国际贸易摩擦,其中17家企业遭遇知识产权纠纷,15家遭受过反倾销调查,5家遭遇反补贴调查,9家遭索赔。78家企业否认遭遇国际贸易摩擦。

浙商应对贸易摩擦的举措中,47家企业采取协商的办法(占比35%),28家企业采取应诉的办法(占比21%),20家企业选择起诉(占比15%)。这也许体现了中国文化中“和为贵”“和气生财”的传统,也是中国企业低成本优势和知识产权劣势的体现。

“走出去”的浙商正在找到自己的联盟或者依靠力量。当遭遇国际贸易摩擦时,企业会选择专业机构(34%)、政府(22%)、商会(15%)和联合共同行动(12%)。

浙江民营企业参与“一带一路”状况

丝绸之路经济带主要是陆上区域,包括国内部分和国外部分,国内部分的主体在中西部地区,国外部分主要在南亚、中亚、东欧,包括俄罗斯并延伸至西欧。11%(14家)的受访企业在该区域有投资项目或者对外承包工程,72%(96家)没有在该区域进行对外直接投资或者从事对外工程承包。

21世纪海上丝绸之路范围,主要涉及国内东部沿海地带和东南亚、西亚、东非等。15%(20家)受访企业在该区域有对外直接投资或者对外承包工程,68%(90家)企业尚未在该区域进行对外直接投资或者对外承包工程。

就这些已经“走出去”的受访企业情况来看,从区域分布上,“一带一路”在浙商对外投资和跨国经营中已经占有相当地位,同时也存在进一步提升的空间。

就企业扩大市场、提升实力的追求来看，企业界可能认为在“一带一路”范围内发展跨国经营是缺乏吸引力的。这可能与“一带一路”范围内发展中国家居多，社会经济发展水平并不比浙江有优势有关。

“走出去”企业对相关政策评价

对“走出去”的 6 项相关政策，大约 2/3 的受访企业表示了解这些政策，仍有大约 1/3 的企业不了解相关政策。

对境外投资项目核准备案等投资管理政策，33 家企业表示满意（占比 25％），67 家企业表示基本满意（占比 50％），6 家企业表示不满意。

关于外汇政策，受访企业对购付汇政策满意度最高（32％），对境外放款、跨境担保外汇管理政策满意度都在 28％，对三项政策基本满意的占比都略微超过 50％，仍有少数企业表示不满意，没有表达意见的企业仍占一定比例。这些外汇政策仍需改进和进一步完善。

对“商业银行境外投资贷款”“政策性银行境外投资贷款”“境外发债”“境外上市”“涉外股权投资基金”等五种金额的支持政策，表示满意的都在 21％—25％的水平，基本满意的评价都略强于 50％，不满意和未表达意见的企业占比也在 25％上下，这显示这些政策仍有改进空间。

对“出口信用保险”“海外投资保险”“跨境人民币结算再保险”等三项保险政策和服务，“走出去”企业对出口信用保险满意度最高（37％），对海外投资保险、跨境人民币结算再保险的满意度在 25％上下；对这些政策表示基本满意的企业占比都在 50％水平或略低一点，不满意和未表达意见的企业占比在 15％—25％或略高的水平。

关于财税政策。65％（87 家）受访企业了解“经贸发展专项资金”，23％（30 家）表示不了解此项政策；40％（53 家）受访企业曾经获得该项支持，41％的受访企业（55 家）没有获得过此项资金支持。26％的受访企业对“经贸发展专项资金”政策表示满意，40％的受访企业表示基本满意，不满意和未表达意见的企业占比为 35％。

21％（28 家）的受访企业享受过“境外投资贷款贴息”政策，53％（71 家）的企业未享受过该政策。23％的受访企业对此政策表示满意，39％的受访企业表示基本满意，不满意和未表达意见的都占 38％。

20%的受访企业享受过“境外所得税抵免”政策,47%的受访企业表示没有享受过此项政策,32%的企业未表达意见。对此项政策表示满意的企业占比18%(24家),42%(56家)的受访企业表示基本满意,不满意和未表达意见的企业占比40%(53家)。

29%(39家)的受访企业表示享受过“境外投资出口退免税”政策,39%的企业表示没有享受过该政策,32%受访企业没有表达意见。23%(31家)企业对该项政策表示满意,36%(48家)的受访企业对此项政策表示基本满意,近40%(42家)的受访企业没有表达意见。

16%(21家)的受访企业享受过“部分境外投资项目免征营业税”政策,49%(65家)的受访企业没有享受过该项政策。17%(23家)的受访企业对此项政策表示满意,38%(51家)企业表示基本满意,未回答和不满意的企业占比近45%。

关于海关、质检政策与服务。海关“单独设立‘对外投资’的贸易方式和监管方式”。32%(43家)的受访企业对此表示满意,44%(58家)的企业对此表示基本满意。对“一次申报、一次查验、一次放行”、减少出口商检商品种类等通关便利化制度,有44%(58家)企业表示满意,36%的企业表示基本满意。38%(50家)的受访企业对相关检验检疫监管政策表示满意,39%(52家)的受访企业对此表示基本满意。

48%(64家)的企业对办理出国(境)护照的相关政策表示满意,35%(46家)的企业表示基本满意。

关于“APEC商务旅行卡”。35%(47家)受访企业已经办理了“APEC商务旅行卡”,17%(23家)企业准备办理“APEC商务旅行卡”,31%(41家)企业没有办理“APEC商务旅行卡”。34%(45家)企业认为“APEC商务旅行卡”在企业“走出去”过程中“很有帮助”,25%(33家)企业认为“有些帮助”,22%(29家)企业不了解此事。

30%(40家)受访企业对驻外使(领)馆服务表示满意,47%(63家)企业对此表示基本满意,没有表达意见和不满意的占比23%(30家)。

“走出去”企业的需求和建议

在调研中发现,“走出去”企业对涉外人才、技能、知识等的需求相对集中且迫切,受访企业普遍表达了希望工商联及商会组织在培训方面有所作为,并且希望工商联商会等在搭建平台、促进企业间沟通交流、提供相关服务等方面提供服务。

对于企业“走出去”过程中遇到的困难和政策及环境不熟悉的困惑，希望有关部门能够建立咨询平台和提供具体服务的窗口，帮助好的扶持政策落地，让更多受益的企业取得更快更好的发展，为中国企业在国际舞台上扮演更重要的角色提供助力。

客观上存在国有企业与民营企业的差别待遇问题，与国字头企业相比，民营企业更需要得到国家有关部门的协调、指导和支持，以便“走得好”“走得赢”，迫切希望在政府牵头下开展“走出去”经验交流会，听取外事部门关于外事服务、资源共享、政策指导、安全保护的培训与介绍，与同类企业互通有无、分享经验。以新的机遇、新的发展，协力向世界展示“中国制造”的实力与风采。

四、政府机构和商会

在促进民营企业“走出去”发展过程中，政府和企业都对工商联和商会组织发挥作用寄予厚望，工商联和商会组织本身是如何发挥作用的？根据对 33 家基层工商联（县级）和商会组织的问卷调研和走访，工商联和商会组织对自身的定位是准确的，对自身该发挥什么作用、如何发挥作用的认识也是基本准确的。少数基层工商联和商会组织还做过多种尝试、创新和探索，也取得了一些经验和成功案例。比较普遍的问题是，基层工商联和大多数商会，都缺乏相应的能力和实力去承担它们本该承担也愿意承担的责任，出现角色定位与能力脱节。

服务浙商“走出去”和“一带一路”战略有关政策措施

近年来，政府推动促进民营企业“走出去”和“一带一路”战略不断深化，已经形成了很多政策措施。中华全国工商业联合会、金融机构、许多商会组织等也都有相应举措来支持促进企业对外投资、发展跨国经营。

浙江省税务局着力打造“三个一”税收服务体系，即打造一个税收服务品牌，完善一个“走出去”浙商涉税诉求响应机制，建立一个部门工作协调机制，为浙江省民营企业“走出去”发展提供优质税收服务。

浙江省外汇管理局还大幅度放宽企业境外直接投资前期费用额度，并率先在全国试点跨国公司外汇资金集中运营管理。

各类金融服务机构围绕服务民营企业“走出去”开展工作，积极助力民营企业“走出去”。浙江省内各金融保险机构主动与省商务厅、省发改委、省工商联等有关部门建立长效合作机制，对计划“走出去”的企业和项目进行跟踪指导，向其提供信贷、融资租赁、结算、财务顾问、“走出去”法律咨询等全方位综合服务，培育和孵化浙江本土企业成为跨国公司。以国家开发银行、中国进出口银行和中国出口信用保险公司为代表的政策性银行和保险机构，积极为浙江民营企业“走出去”提供融资和保险支撑。经省政府批准，2014年中国进出口银行浙江省分行、中国信用保险公司浙江省分公司与省商务厅、省财政厅共同设立“走出去”融资与担保平台，安排不低于10亿元人民币的资金专项支持中小民营企业“走出去”。

工商联和商(协)会

商(协)会对自身工作定位的判断，依认同程度高低依次为“凝聚会员企业加强互利合作共同‘走出去’的纽带”“加强与境外商(协)会交流合作的主要渠道”“本行业本领域‘走出去’加强行业自律制定标准规范的组织者”和“为企业提供国际化人才培训中介机构推荐组织投资商贸活动等综合服务平台”“企业开展境外法律维权的重要途径”“企业防范海外经营风险的依托”。服务会员企业“走出去”的主要方式，依比例高低依次为“宣传政策交流经验”“加强与境外商(协)会的交流”“组织境外投资环境考察和参加商务活动”“提供融资信息法律服务”“定期举办行业性专题培训或相关活动”“提供外事便利化服务”。这些方式排序基本对应着工作技能要求从低到高、工作复杂性由低到高的次序。同时，这标志着中国民营企业“走出去”还处于起步阶段，政府引导等外部力量推动仍然是重要力量，企业自身发展尚未居于“走出去”的主导和主流力量。

“走出去”企业与政府机构、商(协)会关系状况

总体来看，“走出去”的浙商与中国驻外使(领)馆的关系不算紧密。能够保持经常沟通的企业有20家(占比15%)，偶尔有来往的有57家(占比43%)，从不来往的37家(占比28%)。在直接访谈中，浙商反映受到中国驻外使(领)馆冷遇和反映使(领)馆积极热情提供帮助的情况都比较多。认为使(领)馆提供了很大帮助的企业有30家(占比22%)，认为使(领)馆仅提供一般帮助的有49家(占比37%)。

商(协)会对民营企业"走出去"的建议和意见

建议市及省、国家工商联在调研基础上,牵头引寻企业走出去发展规划,在经济形势低迷情况下寻求更大发展,主要还是以与中国关系较好的发展中国家风险较小的农业、制造业等为主要发展领域,拓展发展远洋渔业、加工、贸易等。

希望政府出台支持协会平台建设,进一步发展协会和国外行业协会的合作,在资金上多资助协会为企业搭建平台建设资金。建议省市有关部门能成立专门服务、协调部门,希望能给予商(协)会一定的工作经费,开展针对东道国的国别投资专题讲解和辅导。

目前,商会不具备服务企业"走出去"的基础条件。需要政府相关行业管理部门提供具体的投资建设操作性强、可把控风险的项目来吸引企业积极参与。国家的强有力引导和支持,对"走出去"企业克服国外人生地不熟,不了解政策环境等困难,至关重要。很多企业对外投资失败和资金亏损教训,都是不了解情况导致的。

五、"走出去"企业的经历和建议

"走出去"需要能力、实力、财力等等,而"走出去"所需要的许多条件,特别是走出去需要的能力,只能在"走出去"过程中学习,"走出去"过程本身就是最好的学习途径。"走出去"企业经历,对广大企业和企业家来说都是宝贵的财富。

经历与感悟

1. 企业对外投资,需要既熟悉当地法律政策又懂财务管理等技能,既通晓当地语言又能贯彻母公司战略的复合型高级管理人员;

2. 东道国法律法规、投资环境、文化风俗、风土人情,是制约企业对外投资和跨国经营发展的又一关键因素;

3. 资金缺乏仍然是"走出去"企业反映的常态性话题;

4. 发展跨国经营需要的支持条件、国内环境,还有待提高;

5. 服务于中资企业全球化发展的金融服务亟待提升;

6. 东道国的外汇管制问题;

7.使(领)馆服务民营企业的意识仍有待提升;

8.有企业反映,境外机构注册涉及企业资料的公证与使(领)馆认证,国内公证及使(领)馆认证代办采取“属地管理”原则,便捷性受到影响;

9.许多企业仍希望得到政府支持和财政补贴;

10.东道国汇率波动风险;

11.国际地缘政策与冲突严峻;

12.涉及部分东道国腐败问题;

13.东道国劳工政策、安全生产等管制严格;

14.产业环境问题;

15.对华贸易保护主义也是不可忽视的问题。

经验和建议

1.建立对外投资和跨国经营的法律体系;

2.完善关于全球安全和应急的机制;

3.统筹管理和服务对外投资和跨国经营,建立全国统一的、跨部门的体制和机制;

4.积极促进涉外法律、会计、商务服务机构发展;

5.加快创立“境外经贸合作园区”、推动民企抱团“走出去”的步伐;

6.建立民营企业参与国家“一带一路”战略促进机制;

7.建立驻外使(领)馆对中资企业的走访制度;

8.随着中资企业在海外发展。

六、浙商对社会责任的认知和期望

百年来,企业社会责任,已经从一种理念发展为涉及企业行为、立法行动和公共政策等多领域的行为准则,已经广泛而普遍地融入正式或非正式的社会规范之中。企业的社会责任要求“资本”所有者主导下的资本主义企业,必须超越“利润至上”的传统理念,强调企业发展要关注人、保护人、尊重人,强调对员工、环境、消费者和社会做出贡献。

当代浙商如何看待社会责任的概念体系?企业经营管理实务中是否已经采取某种措施贯彻落实企业社会责任?企业社会责任披露及其工作机构状况如

何？企业落实社会责任还需要政府社会其他方面有哪些相应的配合？对这些问题的回答，基本可以反映浙商对企业社会责任的认知状况。

浙商的社会责任概念和社会责任披露

2013 年我们经调研发现，80％以上的企业都认为，确保公司盈利、依法纳税、守法经营、吸纳就业、保障员工利益、保护环境、保证产品质量安全是企业的社会责任，60％—80％之间的企业认为科技创新、慈善捐款属于企业的社会责任。2014 年在调研企业最看重的三项社会责任中，有 93.5％的企业选择“诚信经营为消费者提供质优价廉的产品与服务”，89.4％的企业选择“关爱员工、企业与员工共同发展”，48.2％的企业选择“节能减排保护环境”，38.3％的企业选择“尊重商业合作伙伴维护市场公平秩序”，25.5％的企业选择“热心公益参与慈善与社会共享发展成果”。

2013 年，有 101 家企业发布社会责任报告或可持续性发展报告(15.8％)，298 家企业在自有媒介发布(46.5％)，226 家企业在外部媒体发布(35.3％)，290 家企业举办沟通交流会(45.2％)，其他形式的有 11 家企业(1.7％)。2014 年，4.5％的受调研企业设立专职社会责任部门，43.9％的企业把社会责任工作纳入职能部门，40.0％的企业没有设置专门的社会责任管理职能。2014 年有 70 家企业发布社会责任报告(7.1％)，638 家企业未发布社会责任报告(65.0％)。

企业管理体系中的社会责任

2013 年，64.7％的企业将环境保护指标纳入在企业管理考核体系中，64.7％的企业采用了员工权益和发展指标，33.9％的企业设置了消费者权益指标，31.8％的企业选择供应链指标，17.8％的企业使用社区参与和发展指标。

根据 2013 年调研统计，企业履行社会责任的动机，31.0％为迎合企业营销策略，83.2％为提升企业形象，34.3％属于企业家个人情感，86.6％为塑造良好的企业文化，81.6％为增强员工凝聚力，42.3％为改善与利益相关者关系。

履行社会责任需要的帮助

对为履行社会责任所需要的政策支持中，2013 年，40％以上调研企业提到的选项包括产业政策(61.0％)、税收政策(78.6％)、融资政策(46.3％)、土地政策(41.0％)。对企业希望相关部门采取哪些措施来帮助企业开展社会责任工作,2014年,69.5%企业选择"培训、咨询与指导服务",56.9%企业选择"制定、完善评价体系,建立表彰奖励先进和失责惩戒机制",52.7%企业选择"鼓励依法尽责,不搞强制捐赠",39.4%企业选择"引进专业机构人才,帮助企业开展社会责任战略管理",41.0%企业选择"宣传优秀典型实践企业和人物,营造鼓励履责舆论氛围"。

七、浙商履行社会责任情况

2013年、2014年企业社会责任调研情况有代表性地展示了作为民营经济先锋的当代浙商履行企业社会责任的状况。总体来看,当代浙商在履行社会责任方面的所作所为,与其作为民营经济的先锋地位是基本对应的。

总体状况

根据982家受调研企业情况,2013年这些企业营业收入合计13311.4亿元,缴纳税金合计719亿元;2014年营业收入合计14731.9亿元,缴纳税金761亿元。营业收入与缴纳税金基本保持了同步增长。2013年税负占营业收入比重5.401%,2014年税负占营业收入比重5.165%,企业总税负水平略有降低。2013年企业研究开发投入142.5亿元,2014年企业研究开发投入164.6亿元,研究开发投入增幅15.5%。2013年企业环保投入28.6亿元,2014年环保投入增加到46.2亿元,环保投入增幅61.9%,企业环保投入增幅表现最突出,详见后文。

2013—2014年,签约员工数占比分别为85.3%、85.7%,缴纳社保员工占比分别为70%、70.6%,缴纳公积金员工占比分别为33.4%、34.5%,人均参加培训次数分别为2.5次、3次。培训人次提高幅度为20%。员工培训开始成为企业最重视的问题之一,详见后文。

浙商参与慈善公益活动已经比较普遍化且形式多样。近两年,浙商投入扶贫资金分别为15.8亿元和15.2亿元,支教资金分别为5.9亿元和5.0亿元,救灾资金分别为5.66亿元和0.34亿元,捐建公共设施分别为7.0亿元和4.37亿元,助残资金3.57亿元和3.39亿元,投入医疗卫生资金分别为6421万元和9279万元,资助科学文化事业分别为3176万元和4538万元,环保方面的慈善公益投入分别为9917万元和12.1亿元,产业帮扶方面分别为5531万元和1.15

亿元，其他形式的慈善公益资金分别为 10.1 亿元和 2.9 亿元。

1994 年 4 月 23 日，民营企业家联名倡议《让我们投身到扶贫的光彩事业中来》，开启光彩事业。多年来，包括港澳台侨工商界人士在内，越来越多的非公经济人士参与到光彩事业中来。在光彩事业的旗帜下，民营企业家们本着“自觉自愿、量力而行、互惠互利、义利兼顾”的原则，通过项目投资、资源开发、人才培训、贸易及捐赠等形式，为推动扶贫和促进“老少边穷”地区发展做出了很大贡献。

2013—2014 年，浙江民营企业在积极参与光彩事业方面表现突出。两年来，浙江民营企业参与光彩事业数目分别为 1243 项、3253 项。光彩事业到位资金合计分别为 44658 万元、51621 万元，安置就业人数分别为 110799 人和 116710 万人，带动脱贫人数分别为 119040 人和 23939 人。根据资金投向，浙商投入比较多的是高新科技和基础设施建设行业；环保产业、非农产业和农村市场建设方面，浙商也有一定投入；农业产业化、农村旅游方面，浙商投入较少；国土绿化和国企改制两项，浙商根本没有涉及，详见后文。

企业社会贡献状况

根据 2013 年 641 份、2014 年 982 份有效调研问卷情况，浙江民营企业社会贡献情况的分布如下：

企业年营业收入额在 10 亿元以下的企业占绝大多数，2013 年和 2014 年营业收入 1 亿元以下的企业分别有 347 家和 346 家，占 35.3%和 35.2%；2013 年和 2014 年营业收入在 1 亿—10 亿元的企业分别有 392 家和 400 家，占 39.9%和 40.7%；2013 年和 2014 年营业收入在 10 亿—100 亿元的企业分别有 132 家和 122 家，占 13.4%和 12.4%；2013 年和 2014 年营业收入在 100 亿元以上的企业分别有 28 家和 39 家，占 2.9%和 4.0%。

企业年缴纳税金大多在 100 万—1 亿元之间。2013 年和 2014 年缴纳税金在 100 万元以下的企业数量都是 157 家，占 16.0%；缴纳税金在 100 万—1000 万元的企业分别有 342 家和 339 家，占 34.8%和 34.5%；缴纳税金在 1000 万—1 亿元的企业分别有 306 家和 304 家，占 31.1%和 31.0%；缴纳税金在 1 亿元以上的企业分别有 82 家和 90 家，占 8.4%和 9.2%。

企业社会责任的其他方面

防治商业腐败与贿赂。2013 年，有 427 家企业选择建立相关制度防治商业腐败与贿赂,占66.6%;共有420家企业选择依法处理违规行为,占65.5%;共有443家企业选择对管理层进行相关政策教育,占69.1%;对全体员工进行相关政策教育的共有422家企业,占65.8%。

参与社区建设。2014年,受调研企业中有368家企业选择依法对社区资源利用进行合理补偿,占37.5%;有521家企业选择推动当地基础设施建设,占53.1%;498家企业选择改善社区环境,占50.7%;640家企业选择尊重当地文化,占65.2%;557家企业选择为社区发展捐款捐物,占56.7%;754家企业选择促进本地就业,占76.8%;493家企业选择安置下岗职工、复转军人、残疾人等特殊人群就业,占50.2%;406家企业选择鼓励员工提供志愿者服务,占41.34%;其他共有22家企业选择,占2.2%(包括学习雷锋月活动、为社区开展活动提供场地、看望片区孤寡老人、按社区要求积极服务)。

企业文化方面。2013年,322家企业有自办媒介,占50.2%;172家企业已经开发了视觉识别系统,占26.8%;419家企业制作了企业文化手册,占65.4%;520家企业举办各种企业文化活动,占81.1%;举办过专题报告会的有144家企业,占22.5%;开展社会责任专题实践活动的有183家企业,占28.6%;494家企业举办教育培训,占77.1%;3家企业选择其他方式(包括公司内宣传栏、电子公告、平时培训等,“四结合班组建设”,著作出版),占0.5%。

参与标准制定。2014年,有413家企业回答参与制定国家标准,占42.1%;选择地方标准的共有248家企业,占25.3%;行业标准共有639家企业选择,占65.1%;企业标准共有678家企业选择,占69.0%;其他共有44家企业选择,占4.5%(包括国际标准)。

客户关系及产业链关系

产品与服务信息披露,也是企业社会责任的内容。2013年,87.2%的企业选择“完整、真实、准确”提供产品与服务信息,52.0%的企业考虑平衡信息披露与营销成本合理,49.1%的企业认为信息发布渠道通畅,31.4%的企业重视促进可持续消费(如引导客户购买环保产品)。

在客户关系管理措施中体现的社会责任。2013—2014年,建立客户关系管理组织、实施投诉响应与处理措施、建立客户信息档案和沟通机制、导入客户关系管理(CRM)等,这些措施在受调研企业中占比都稳定上升,接近或者超过70%。

环境保护

环保投入情况。近两年,每年都有环保投入的企业,超过调研企业的一半。2013 年、2014 年,环保投入在 10 万元以下的企业分别占 14.3%和 12.2%,环保投入在 10 万—100 万元的企业分别占 17.8%和 19.0%,环保投入在 100 万—1000 万元的企业分别占 14.1%和 16.0%,环保投入在 1000 万元以上的企业分别占 3.7%和 4.0%。2013 年调研企业开发的环保科技项目中,有 64.1%的企业属于节能技术、设备、工艺项目,30.7%的企业属于节水技术、设备、公益项目,22.6%的企业属于环保新能源,32.5%的企业属于环保新材料,22.0%的企业属于高效循环经济体系项目,18.7%的企业参与污染物高效治理项目,18.9%的企业参与污染物综合利用项目,其他还有能源检测管理系统、采购环保原材料等。

关于在企业环保工作中遇到的主要问题。46.5%的企业选择"缺乏技术支持",22.8%的企业选择"产学研合作难度较大",34.8%的企业选择"政府政策支持不够",51.5%的企业选择"缺乏专业人才",29.0%的企业选择"资金短缺"。

科技发展

近两年,6 成受调研企业都有研发投入。2013 年、2014 年,研发投入在 100 万元以下的企业分别占 15.7%和 15.1%,研发投入在 100 万—1000 万元的企业分别占 26.3%和 25.8%,研发投入在 1000 万—1 亿的企业分别占 16.3%和 17.6%,研发投入在 1 亿以上的企业分别占 2.7%和 3.2%。

八、浙商参与公益慈善事业

近年来,浙江民营企业通过直接捐助、慈善基金、商会组织、公益组织、光彩事业等,积极参与慈善捐赠。2013 年,受调研企业有 482 家直接捐赠(75.2%),有 361 家企业通过政府 (56.3%)、有 246 家企业通过民间公益组织(38.4%)、有 209 家企业向其他慈善基金会(32.6%)进行慈善捐赠。

据不完全统计,目前浙江民营企业设立慈善基金总数 160 家,这 160 家慈善公益基金合计注册资金 30359 万元,管理资金或募集资金总额 88372.91 万元。2013 年共有 107 家企业成立慈善基金,占调研企业的 15.1%;2014 年共有 165 家企业成立慈善基金,占调研企业的 16.8%。

社会公益事业

在982家受调研企业中,从企业参与程度来看,在各项社会事业中,教育是浙商投入比较多的领域。

35%左右的企业参与教育事业投入。2013年、2014年,教育投入10万元以下的分别占23.3%和21.4%,教育投入10万—100万元的分别占9.8%和11.0%,教育投入100万—1000万元的分别占2.3%和1.8%,教育投入金额1000万元以上的分别占0.7%和0.5%。

第一部分 浙商发展状况:2015

2014—2015年,中国新一代领导人已经开始全面掌握中国政治社会经济发展大势。新一代领导人为中国未来设计的发展战略和施政理念逐步明朗清晰。改革、深化改革,是新一代领导人的基本理念,当然,改革要在保持整体经济稳定可持续发展的框架内进行。在全球化和全球战略中谋划中国未来、有所作为,也是新一代领导人明确展示的战略思维。从大的方面来说,发展和施政理念包括这些:行政审批改革解放生产力,催生大众创业、万众创新,实现经济结构调整和升级;深化国有企业改革和国有资产管理体制改革,提升国有经济竞争力;金融体制改革,为实体经济发展提供金融支撑,在全球化进程和金融开放中保持金融稳定,避免系统性、区域性金融危机;国际战略中提升中国的国际地位,提升中国在全球世界经济金融体系中的影响力。这些都是在中国经济规模稳居世界第二、经济发展步入常态回归中高速增长、环境社会区域协调与经济社会发展之间存在主要矛盾、参与并开始影响国际金融体系、通过引领区域发展和区域一体化统筹协调国内发展和国际影响力等为特征的背景下发生和展开的。

由此开启的中国社会经济发展和国际地位新阶段,即将全面呈现出其新的面貌。新局面的形成,仅有领导层的意识是远远不够的,这是一个需要中国社会各阶层、包括最广大民众都积极融入其中的大时代,这是一个全社会各阶层都需要重新发现寻找、定位各自角色和行动的时代,这是一个既要尽快提升国内社会发展和文明程度也要关注并积极参与影响外部世界和国际局势的时代。

当代浙商,已经率先接触到这些主题的几乎每个方面,并且已经积累了成功经验也吸取了挫折教训。浙商更应当在其中展示新形象、树立新标杆、做出新贡献。

一、改革和政策环境

从全国情况来看,改革和政策环境使当前浙商发展的第一外部条件发生变化。曾经行之有效的宏观经济政策,面临效力折扣甚至效力枯竭的困境,这是当前深化改革的直接动因。改革、财政政策、货币政策、国际经济关系领域一系列的政策变化,从未像近两年这样密集变化,这表明中国经济的分工和专业化程度加深,相应地提高中国经济管理的组织化程度也就迫在眉睫,宏观经济管理的微观基础在变化,微观经济主体的制度环境也在变化。

经济政策基础变化

中国经济经历了过去十年的超高速增长,目前正向中速增长回落,逐步回归正常发展速度。根据国内外大多数机构预计,从中短期来看,中国经济维持7%左右的适度增速,是一个需要把握政策分寸能够达到的目标。由于规模提升,眼下的中速甚至中低速增幅也已经超过十年前高速甚至超高速增长的增幅。从支撑经济社会长期可持续发展的微观基础来看,进一步全面深化改革以完善社会主义市场经济的微观基础和制度环境,是更迫切、更优先的主题,不必过分在意宏观经济增长速度。

尽管体制改革和中国经济国际化程度的不断加深,都对提升货币存量形成客观需求,然而,货币发行量连续多年显著超越经济增速,显著过快地推高资产价格,都容易形成通胀压力和经济泡沫风险。近几年,关于中国经济中风险因素的危害引起越来越多的担忧。一方面,资产管理和收益管理开始成为中国社会经济中的新主题;另一方面,货币存量管理不仅考验政策制定者能力,也直接影响企业经营实务。

自2014年9月至2015年8月的一年时间里,先是中国股市不断走高、汇率市场在高位波动,同时实体经济增速不断走低,出现资本市场和货币市场看空的机会。2015年6—8月份,主动的汇率调低措施和股市大跌几乎同时出现。人民币汇率调整和中国股市的表现,也开始产生全球性的影响。全球性的金融市场动荡,股市连续大跌,新兴市场货币持续贬值,原油等大宗商品价格也屡创新低。这些既表明世界经济复苏仍存在不确定因素,也对中国金融市场、进出口产生影响,外部环境和内部矛盾都对中国经济运行形成了新压力。

政府简政放权等改革措施,推动微观经济出现深层次的积极变化。政府的新举措包括:增加公共产品、公共服务供给,促进大众创业、万众创新,增强经济发展动力。李克强总理强调,以不断迸发的微观活力支撑宏观经济大局稳定。其中包括推动公共设施建设等重大项目落地、扩大绿色节能和低碳产品应用、推动"互联网+"向更多行业拓展等,以形成新增长点。加快相关制度建设,培育公开透明、长期稳定健康发展的资本市场。继续推进金融体制改革,保持流动性合理充裕,增强服务实体经济的能力。加强和完善风险管理,守住不发生区域性系统性风险底线,维护金融市场稳定运行。

中国政府持续推进结构性改革,连续推出一系列降准降息、减税降费和稳定市场的定向调控举措,收到一定效果,固定资产投资有所回升,社会消费品零售总额稳中趋升,出口降幅总体收窄。

近两三年的变化表明,中国经济发展进入新阶段,中国经济发展的阶段变化与其全球影响力密切相关。中国经济开始真正地步入资本时代,开始呈现完备的现代经济特征。这是改革开放近四十年来,中国经济从量变到质变的转换点,这种深刻的实质变化,对发展理念和宏观政策都提出了严峻挑战:既不能仅仅模仿发达国家曾经在这一阶段的经验,又不能完全抛弃发达经济体在向后工业时代转换的经验;既要考虑中国社会的经济特殊性和历史文化因素差异,又要遵从现代文明的一般规律和规则;既要从13亿人口大国内部的复杂性、差异性考虑谋划我国未来中长期战略,又要兼顾中短期社会稳定和平稳过渡;既要着力于加快和平衡国内发展,又要积极参与正在再造规则的全球化进程。

从整体上看,中国经济发展正处于短期和长期转换的关键节点,这是一个短期管理长期化的时期。对于宏观政策管理当局和微观市场主体来说,其都需要打破宏观与微观割裂、长期与短期脱节的传统理论窠臼,在信息互通互联的基础上,共同形成新的社会经济模式(包括体制、机制、理念)。

宽松货币政策持续

2014年下半年至2015年9月,中国人民银行继续实施宽松货币政策,多次高密度地下调基准利率和存款准备金率。

自2014年11月22日起,金融机构人民币一年期贷款基准利率下调0.4个百分点至5.6%;一年期存款基准利率下调0.25个百分点至2.75%,同时结合推进利率市场化改革,将金融机构存款利率浮动区间的上限由存款基准利率的1.1倍调整为1.2倍;对其他各档次贷款和存款基准利率做相应调整,并对基准利率期限档次做适当兼并。

自2015年3月1日起,金融机构人民币一年期贷款基准利率下调0.25个百分点至5.35%;一年期存款基准利率下调0.25个百分点至2.5%,同时结合推进利率市场化改革,将金融机构存款利率浮动区间的上限由存款基准利率的1.2倍调整为1.3倍;其他各档次存贷款基准利率及个人住房公积金存贷款利率做相应调整。

自2015年5月11日起,金融机构人民币一年期贷款基准利率下调0.25个百分点至5.1%;一年期存款基准利率下调0.25个百分点至2.25%。同时,将金融机构存款利率浮动区间的上限由存款基准利率的1.3倍调整为1.5倍。其他各档次贷款及存款基准利率、个人住房公积金存贷款利率做相应调整。

自2015年6月28日起,金融机构人民币一年期贷款基准利率下调0.25个百分点至4.85%,一年期存款基准利率下调0.25个百分点至2%,其他各档次贷款及存款基准利率、个人住房公积金存贷款利率做相应调整。自2015年6月28日起,国家对"三农"贷款占比达到定向降准标准的城市商业银行、非县域农村商业银行降低存款准备金率0.5个百分点;对"三农"或小微企业贷款达到定向降准标准的国有大型商业银行、股份制商业银行、外资银行降低存款准备金率0.5个百分点;降低财务公司存款准备金率3个百分点,并进一步鼓励其发挥好提高企业资金运用效率的作用。

自2015年8月26日起,金融机构人民币一年期贷款基准利率下调0.25个百分点至4.6%;一年期存款基准利率下调0.25个百分点至1.75%;其他各档次贷款及存款基准利率、个人住房公积金存贷款利率做相应调整。放开一年期以上(不含一年期)定期存款的利率浮动上限,活期存款以及一年期以下定期存款的利率浮动上限不变。

自2015年9月6日起,下调金融机构人民币存款准备金率0.5个百分点,以保持银行体系流动性合理充裕,引导货币信贷平稳适度增长。为进一步增强金融机构支持"三农"和小微企业的能力,额外降低县域农村商业银行、农村合作银行、农村信用社和村镇银行等农村金融机构准备金率0.5个百分点。额外下调金融租赁公司和汽车金融公司准备金率3个百分点,以鼓励其发挥好扩大消费的作用。

表 1-1 金融机构人民币存贷款基准利率表(2015 年 8 月 26 日公布)

单位:%

	调整后利率
一、城乡居民和单位存款	
(一)活期存款	0.35
(二)整存整取定期存款	
三个月	1.35
半 年	1.55
一 年	1.75
二 年	2.35
三 年	3.00
二、各项贷款	
一年以内(含一年)	4.60
一至五年(含五年)	5.00
五年以上	5.15
三、个人住房公积金贷款	
五年以下(含五年)	2.75
五年以上	3.25

近期,宽松货币政策的目的在于提振实体经济发展,但实际货币政策效果与政策初衷仍然相距甚远。在财富积累达到一定规模、国际经济交往程度不断提高、现代金融不断发展的情况下,宽松货币政策的直接结果首先是促进资本市场繁荣。在促进所谓实体经济发展方面,全面的、深入的制度再造,才是问题的关键,而这个改革远不像调整货币政策那样是一蹴而就的。货币政策和金融体系,的确是决定实体经济发展的一个关键因素,当前情况下货币政策宽松仅仅只是减轻实体经济发展的成本负担,真正能够促动实体经济发展进入新的繁荣,涉及经济体制乃至政治体制诸多方面,还要在真正深入彻底改革上下功夫,也需要时间。

宽松货币政策与实体经济发展之间的两难在于:宽松货币政策最直接的效果是导致资本市场繁荣,资本市场繁荣可能抑制实体经济繁荣;货币政策从紧虽然能够抑制资本市场繁荣,但同时也会提高实体经济的即期成本。当我们不能找到有效方法分别对所谓虚拟经济和实体经济实行差别化的货币政策时,这种两难困境将永远存在。实际上,自2008年国际金融危机发生以来,浙商乃至全国范围出现的债务问题、所谓非法集资、资金链断裂等情况大多与此有关。在2015年,这一矛盾终于导致了资本市场波动。2015年中国股市发生较大波动,随着时间的推移,我们将会越来越看清其后果的严重性及其对新一代领导人关于未来战略谋划的影响。

资本市场波动

中国股市在经历了5年的低迷之后,从2014年下半年开始回暖,在融资、融券、开户政策等一系列政策放宽之后,在宽松货币政策和高杠杆支撑下,2014年10月至2015年1月份中国股市步入高涨阶段。2015年3—6月份,在受到监管机构和舆论的鼓励下,股市呈现强劲的单边上扬,其间有着令人惊心动魄的表现。中国股市的日交易量从3000亿元左右,不断地迅速突破5000亿元、6000亿元、7000亿元、8000亿元、10000亿元……直至突破20000亿元。股市日交易量相继达到顶峰,2005年5月28日,深市创下交易量11726.54亿元的顶峰。2015年6月8日,沪市创下交易量13099.25亿元顶峰。2015年6月15日上证综指以5178.19点的本轮阶段性高位开盘,一路下滑,至2015年7月9日下探到3373.45点。接下来的两个月里,经历两轮波动,上证综指都在一定程度的反弹之后再度下滑至新低,并在2015年8月26日下探至2850.71点的低位。

在政策和舆论鼓励股市"慢牛"的同时,我们意识到了违规操作和破坏规则的潜在风险,监管层同时也采取了对融资融券的监督检查。从经济社会发展全局和全面深化金融改革的视角来看,如果这种为维护规则而进行的必要监管措施,首先作为服务于推动"慢牛"行情的措施,而不是服务于形成规则之本应处于的第一优先位置,其潜在隐患风险必然远远超过设计者预想的通过"慢牛"行情对整体经济发展和结构进行调整的潜在贡献。

果然,监管层期待的"慢牛"迅速失控演变为"快牛"和"疯牛",然后又突然从断崖跌落。在股市大幅波动、市场出现恐慌情绪的情况下,高层果断、直接地采取"救市"行动,首先增资中国证券金融股份有限公司,直接买入大盘蓝筹股以维持指数,动员协调券商自营业务六个月内不得卖出并尽量买入股票,促使上市公司大股东、董事、高级管理人员等买入并不得卖出股票,证券监管部门和公安部门合作调查惩罚恶意做空者,向公安部移送涉嫌犯罪案件等。随后,救市行动进一步扩大范围:央行宣布向证金公司提供无限流动性支持,放宽股市融资规则,要求券商成立股市救市基金护盘,动用社保基金、汇金公司入市购买股票,允许银行放宽大股东的股票抵押贷款,要求100多家央企只能购买股票不准卖出股票,鼓励并要求上市公司以各种方式来稳定公司股票价格,严厉打击沽空行为及造谣言论,公安部门进驻中国证监会调查恶意沽空,暂停新股发行等。这一系列措施涉及央行、财政部、国资委、证监会、保监会等多个政府宏观经济管理部门,全部央企、中央汇金、中金所等。8月末,中国金融期货交易所又上调股指期货各合约非套保持仓交易保证金,严格异常交易行为监管,进一步抑制股指期货市场过度投机。

2015年年中,由高杠杆融资膨胀、股指期货乱象直接诱发的股市暴跌,进一步促使资本市场中长期存在的不当政府干预、监管落后之风险被尽快暴露。需要强调,这一波资本市场博弈,既有中国社会经济长期积累的深层原因,也有全球经济和金融环境原因。为制止和防止股市的"断崖式"下滑,中国政府果断地采取了"适时的""临时性的"和"针对性的"救市行动。政府大力度的有效干预基本控制了市场恐慌情绪,对维持股市发展处于正常轨道起到积极作用。

与此同时,也必须看到,在大多数情况下,如果政府不是或者不能以建立和维持公平、公正、公开的市场秩序为第一要务,过多地直接参与和主导资本市场,就会带来相应问题。所幸的是,到目前为止,在历次全球性的金融危机和重大金融风险面前,中国都有幸成功避免了遭受系统性金融危机打击。同时还应当意识到,与全球化相关的(不单纯局限于国内)金融风险和金融危机,将成为今后中国潜在金融风险的主要来源。

中国主导的国际金融机构发展

2014年11月8日习近平主席宣布中国出资400亿美元成立丝路基金,2014年12月29日,丝路基金有限责任公司在北京注册成立,并正式开始运行。丝路基金由外汇储备、中国投资有限责任公司、中国进出口银行、国家开发银行共同出资,依照《中华人民共和国公司法》,按照市场化、国际化、专业化原则设立,主要业务为中长期开发投资,重点是围绕服务于"一带一路"战略寻找投资机会并提供相应投融资服务。

丝路基金秉承商业化运作、互利共赢、开放包容的理念,尊重国际经济金融规则,通过以股权为主的多种市场化方式,投资于基础设施、资源开发、产业合作、金融合作等领域,促进共同发展、共同繁荣,实现合理的财务收益和中长期可持续发展。丝路基金欢迎境内外投资者的参与。

2013年10月2日,习近平主席提出筹建倡议。2014年10月24日,21个首批意向创始成员国的财长和授权代表在北京签约,共同决定成立亚洲基础设施投资银行(AIIB)。亚洲基础设施投资银行由中国政府发起并主导,吸引了域内和域外国家广泛参与,其主要由各国政府机构代表组成,主要面向亚洲区域内互联互通,促进亚洲经济一体化,属于政府间性质的多边开发机构。亚洲基础设施投资银行重点支持基础设施建设,加强中国及其他亚洲国家和地区的合作。

2015年4月15日,亚投行意向创始成员国确定为57个,其中域内国家37个、域外国家20个,涵盖除美日和加拿大之外的主要西方国家以及亚欧区域的大部分国家,成员遍及五大洲。其他国家和地区今后仍可以作为普通成员加入亚投行。

2015年6月29日,亚投行57个意向创始成员国财长或授权代表在北京签署《亚洲基础设施投资银行协定》,其中已通过国内审批程序的50个国家正式签署该协定。各方商定,该协定将在2015年底前,经合法数量的国家批准后生效。亚洲基础设施投资银行法定资本1000亿美元,总部设在中国北京。

2015年8月24日,筹建亚投行第六次谈判代表会议以共识方式推选现任亚投行多边临时秘书处秘书长金立群为亚投行候任行长。根据亚投行协定有关规定,亚投行正式成立后,其将在首次理事会上将候任行长选举为行长。

亚投行和丝路基金,是由中国主导发起设立的国际性的金融组织。在服务于全球化和区域经济一体化、落实"一带一路"战略的同时,亚投行和丝路基金将为中国民营经济参与国际经济活动,提供一个国际性的资金支持渠道。

亚投行和丝路基金的成立,对浙商特别是从事基础设施建设和工程承包的浙商,无疑是一个重要利好。不少浙商已经在"一带一路"上进行了投资或者有意向在"一带一路"上进行投资,其中不少浙商承接了大项目、大工程主承包商的转包工程,很多从事商贸、生活服务的中小浙商,也围绕相关境外工程项目开展了境外经营。

社会融资和地方债管理

2015 年 1 月 15 日,中国人民银行发布初步统计数据,2014 年社会融资规模为 16.46 万亿元,比上年少 8598 亿元。其中:人民币贷款增加 9.78 万亿元,同比多增 8900 亿元;外币贷款折合人民币增加 3554 亿元,同比少增 2294 亿元;委托贷款增加 2.51 万亿元,同比少增 396 亿元;信托贷款增加 5174 亿元,同比少增 1.32 万亿元;未贴现的银行承兑汇票减少 1285 亿元,同比少增 9041 亿元;企业债券净融资 2.43 万亿元,同比多增 6142 亿元;非金融企业境内股票融资 4350 亿元,同比多增 2131 亿元。2014 年 12 月份社会融资规模为 1.69 万亿元,分别比上月和上年同期多 5486 亿元和 4413 亿元。

从结构看,2014 年人民币贷款占同期社会融资规模的 59.4%,同比增长 8.1 个百分点;外币贷款占比 2.2%,同比减少 1.2 个百分点;委托贷款占比 15.2%,同比增长 0.5 个百分点;信托贷款占比 3.1%,同比减少 7.5 个百分点;未贴现的银行承兑汇票占比-0.8%,同比减少 5.3 个百分点;企业债券占比 14.7%,同比增长 4.2 个百分点;非金融企业境内股票融资占比 2.6%,同比高 1.3 个百分点。

多年来,为尽快推动地方经济发展上台阶,地方政府大举借债,但同时,政府缺乏对地方政府举债进行制度规范,举债形式多样、程序不透明、违法担保和资金使用脱离预算管理等问题突出,导致举债规模过快增长,不少地区债务负担沉重,偿还难度大。地方债管理,经历多年的讨论之后,终于在 2015 年有了明确的结论。

2015 年 8 月 29 日,全国人大常委会审议批准《国务院关于提请审议批准 2015 年地方政府债务限额的议案》的决议,设定今年地方政府债务"天花板"为 16 万亿元人民币,预计债务率为 86%。落实《预算法》,启动对地方政府债务余额的限额管理。在不突破债务风险控制指标的前提下,全国地方政府债务限额由国务院根据国家宏观经济形势等因素确定,每年全国地方政府债务新增限额和总限额,由国务院报全国人大或全国人大常委会审批。年度预算执行中,如出现特殊情况需要增加全国地方政府债务新增限额,由国务院提请全国人大常委会审批。

每年各地区地方政府债务新增限额和总限额,由财政部在批准的限额内提出方案,报国务院批准后下达各省级人民政府,并向社会公开;省级人民政府依照下达的限额编制预算调整方案，报同级人大常委会批准；市县级政府确需举借债务的，依照省级人民政府下达的限额编制预算调整方案，报同级人大常委会批准，由省级人民政府代为举借，省级财政部门在批准的地方政府债务限额内，合理搭配债券期限，安排债券发行兑付，中央和省级财政部门每半年向同级人大有关专门委员会书面报告地方政府债券发行和兑付等情况。

决议明确，将建立地方政府债务风险预警机制，拟将债务率不超过100%的水平作为中国地方政府债务的整体风险警戒线，即全国地方政府债务余额最高不超过地方综合财力水平。国际通行的地方政府债务风险(通常使用债务率即债务余额/地方综合财力)风险警戒线在80%—120%。

从此，地方债管理有了明确的立法规范。这样既照顾到各地积极性，又在全国全局上做出把握，把地方债纳入一个可控的范围内。在中国的社会政治经济结构中，这是防范金融风险的重要制度保障，也是单一制国家管理现代金融的一个特色。

人民币汇率国际化

经过近四十年的经济社会发展，中国已经成为世界经济中至关重要的成员。人民币国际化也越来越清晰地展现在人们面前。多年来，民营经济发展是促进人民币国际化的重要力量。对中国民营经济的国际化发展来说，提高人民币国际化程度无疑是需要努力追求一个重要优势条件。提高本币国际化程度，最重要最关键的是要提高非居民对人民币的使用量，这就要求人民币在币值稳定、投资便利、使用便捷(高效率的交易和结算)等方面不断进步。2009—2014年，人民币国际化指数(RII)稳步迅速提高(从0.02上升到2.47)，与日元国际化指数、英镑国际化指数差距显著缩小，预计2015年二季度人民币国际化指数可以达到2.9。目前，美元、欧元、英镑、日元是主要国际货币，人民币有望很快成为第5大国际货币。

利率市场化程度不断深化，人民币汇率浮动范围扩大，国际货币基金特别提款权一揽子货币安排接纳人民币进程的推进，伦敦交易所接纳人民币作为抵押，国际货币互换发展等，都在推动人民币国际化程度迅速提升。

从利率水平看，人民币的利率水平在主要国际货币中处于较高水平，随着资本市场的进一步开放和国内改革的深化，人民币利率水平有逐步降低的长期趋势，但是仍将在较长时期内保持高于其他货币的利率水平。从汇率水平看，近十年来，人民币汇率总体上不断走高，近期人民币汇率调低，总体上不会对人民币币值稳定产生显著影响。利率浮动幅度加大、汇率浮动幅度提高，人民币利率市场化程度、汇率市场化程度都在不断加深。

近年来，中国人民银行与许多国家的中央银行或货币当局签署了额度不等的货币互换协议，为双边经贸关系和跨境资本流动提供了便利，也大大便利了境外机构和个人在国际经贸活动中接受人民币、使用人民币的便利性。近年来民营经济投资和贸易比较集中的国家中，有不少都与中国签署了货币互换协议。总体来看，这些货币互换协议有利于民营经济海外投资和跨国经营发展，尽管大多数民营企业尚未感受到这一举措带来的直接好处。

离岸人民币中心已经有十年的发展历程。继香港之后，目前已经有新加坡、纽约、巴黎、法兰克福、伦敦、东京等许多离岸人民币中心，主要分布在发达国家。离岸人民币中心的发展，正推动中国银行向真正的全球性银行迅速迈进。

2015 年，黄金“沪港通”启动，海外投资者可以通过香港金银业贸易场直接参与上海国际板黄金交易。全面实施境内原油期货交易以人民币计价、结算，加深人民币与石油交易关联程度。2015 年 7 月 28 日，全球最大金属交易所伦敦金属交易所(LME)发布公告称，经英国央行(BOE)批准，其接受离岸人民币作为商品合约的抵押品，由此，其成为欧洲首个接受人民币作为现金抵押品的清算所(此前，伦敦金属交易所接受以美元、英镑、欧元和日元计价的抵押品)。目前，伦敦金属交易所大约有 6 家中资会员，包括中银国际环球商品、广发金融(英国)、招商证券(英国)有限公司等。中国占全球铁矿石总消费量约 70%，全球铜、铝和镍需求的 40%以上来自中国。中银国际环球商品还将成为首名提交离岸人民币抵押品的会员。人民币入选 LME 抵押货币，意味着中国在进一步扩大大宗商品定价的影响力。中国是全球最大的大宗商品消费国，中国此前已经开始参与伦敦黄金定价竞价。2012 年，香港交易所以 22 亿美元的价格收购了伦敦金属交易所。

据世界贸易组织统计，2013 年中国已经超越美国成为全球货物贸易第一大国。根据贸易量和是否可自由使用这两个标准，国际货币基金组织(IMF)已经在研究人民币纳入特别提款权(SDR)问题。人民币作为国际清算、计价、储备和跨国投资货币等功能，正在逐步完善。

人民币国际化迅速推进,将是民营经济大发展的重要外部条件和推动力,必将成为已经取得长足进展的浙商进行跨国经营和海外投资最大长期利好。

2014—2015年浙江经济社会发展

浙江经济增速基本与全国持平,三次产业结构达到基本稳定状态。民营经济仍然在全省经济发展中占有最大比重,规范的混合所有制现代公司增速领先。

根据2014年浙江省国民经济和社会发展统计公报,初步核算,浙江省2014年地区生产总值40154亿元,比上年增长7.6%。其中,第一产业增加值1779亿元,第二产业增加值19153亿元,第三产业增加值19222亿元,分别增长1.4%、7.1%和8.7%。人均GDP为72967元(按年平均汇率折算为11878美元),增长7.3%。三次产业增加值结构由上年的4.7∶47.8∶47.5调整为4.4∶47.7∶47.9,第三产业比重首次超过第二产业。2014年,浙江居民消费价格比上年上涨2.1%,其中:食品类价格上涨3.1%,商品零售价格上涨0.9%;农业生产资料价格下降0.2%;工业生产者出厂价格下降1.2%,工业生产者购进价格下降1.8%;固定资产投资价格上涨0.6%。2014年浙江省财政总收入7522亿元,比上年增长8.9%,增速比上年提高1.1个百分点;地方公共财政预算收入4121亿元,增长8.5%,增速比上年回落1.8个百分点。2014年末城镇登记失业率为2.96%,比上年下降0.05个百分点。

2014年,规模以上工业增加值12543亿元,比上年增长6.9%,轻、重工业增加值分别为5407亿元和7137亿元,分别增长6.1%和7.4%。其中国有及国有控股工业企业增加值2211亿元,增长5.9%。规模以上工业销售产值64392亿元,增长5.9%。规模以上工业企业完成出口交货值12085亿元,增长5.2%;出口交货值占销售产值的比重为18.8%,比上年下降0.1个百分点。2014年,建筑业增加值2445亿元,比上年增长9.0%。资质以上建筑企业利润总额590亿元,增长11.2%;税金总额660亿元,增长16.1%。

2014年规模以上工业企业实现利润3544亿元,比上年增长5.1%。其中,国有及国有控股企业536亿元,下降5.5%;股份制企业428亿元,下降5.3%;外商及港澳台投资企业1034亿元,增长6.3%;私营企业1221亿元,增长5.5%。全年固定资产投资23555亿元,比上年增长16.6%。非国有投资16343亿元,增长18.2%,占固定资产投资的69.4%;其中民间投资14782亿元,增长

20.1%,占固定资产投资的62.8%。年末全省已登记的商品交易实体市场4321家,交易额为1.95万亿元,增长9.2%;全年进出口总额3551.5亿美元,比上年增长5.8%。其中,进口占817.9亿美元,下降6.0%;出口占2733.5亿美元,增长9.9%。民营企业出口1911亿美元,比上年增长14.3%,高于全省出口平均增速4.4个百分点,占全省出口总值的69.9%,比上年提高2.9个百分点;对全省出口增长的贡献率为97.1%。

与2013年比较,全省规模以上工业增加值增幅降低,绝对增加额仍然有很大提高,轻工业和重工业的增幅均有降低。从工业增加值绝对额和增幅来看,重工业都仍然高于轻工业。两年来,按企业类型分类,工业增加值总额及其增幅,国有企业都是偏低的;私营企业工业增加值总额两年来都远远高于其他类型企业,但2014年增幅显著降低。2013年、2014年,有限责任公司增长幅度最高,股份有限公司增幅其次。国有及国有控股企业增幅高于国有企业,但显著低于有限责任公司和股份有限公司,也略低于私营企业。作为民营经济大省,私营经济仍然提供了浙江全省工业增加值的最大部分,但是,近年来,私营企业创造的工业增加值增幅已经落后于全省平均水平。从工业增加值构成情况来看,有限责任公司和股份有限公司这两种比较规范的现代企业,增幅显著高于平均水平,国有企业和私营企业增幅则低于平均水平;国有控股的混合所有制企业工业增加值又明显高于国有企业。现阶段的浙商发展表明,规范的公司治理已经显示其具有比较优势。

表1-2 浙江省规模以上工业增加值统计表

	2013年		2014年	
	绝对数(亿元)	比上年增长(%)	绝对数(亿元)	比上年增长(%)
工业增加值总计	11701	8.5	12543	6.9
在总计中:轻工业	5029	6.4	5407	6.1
重工业	6671	10.0	7137	7.4
在总计中:国有企业	986	6.2	646	5.4
有限责任公司	1972	11.2	2813	9.8
股份有限公司	1045	10.0	1148	7.8

续 表

	2013年		2014年	
	绝对数(亿元)	比上年增长(%)	绝对数(亿元)	比上年增长(%)
私营企业	4722	9.2	4833	6.2
港澳台商投资企业	1402	6.8	1444	4.7
外商投资企业	1508	4.1	1616	6.4
在总计中:国有及国有控股企业	1970	6.4	2211	5.9

资料来源:2013年浙江省国民经济和社会发展统计公报、2014年浙江省国民经济和社会发展统计公报。

2015年上半年,全省生产总值19281亿元,按可比价格计算,比去年同期增长8.3%,其中:一产增加值763亿元,增长1.2%;二产增加值8871亿元,增长5.8%;三产增加值9647亿元,增长11.4%。装备制造、高新技术和战略性新兴产业增加值同比分别增长7%,7.2%和6.9%。小微企业工业增加值同比增长6.9%,高于规模以上工业1.9个百分点。1—5月份,规模以上工业实现利润1312亿元,同比增长7.7%。主营业务利润率为5.54%,同比提高0.39个百分点;劳动生产率为17.4万元/人(折年率),按可比价计算增长7.3%。2015年上半年,固定资产投资12134亿元,比去年同期增长12.3%,其中,民间投资7261亿元,增长9%,占投资总额的65.1%。进出口总额10099亿元人民币,比去年同期下降2.5%。其中:进口2154亿元人民币,下降16.8%;出口7944亿元人民币,增长2.3%。

2014年末,浙江全省已登记商品交易实体市场名称4321家,交易额为1.95万亿元,增长9.2%。

2014年,进出口总额3551.5亿美元,比上年增长5.8%。其中:进口817.9亿美元,下降6.0%;出口2733.5亿美元,增长9.9%。对外承包工程完成营业额51.8亿美元,比上年增长17.6%;全省劳务人员实际收入1.6亿美元,增长46.9%。经审批和核准的境外投资企业和机构共计577家,比上年增加9家;其中中方投资58.2亿美元,增长5.4%。全年实际对外直接投资34.8亿美元,增长45.2%。

2014年末,浙江省共有境内上市公司266家,累计融资3706亿元;其中,中小板上市公司123家,占全国中小板上市公司总数的16.8%;创业板上市公司41家,占全国创业板上市公司总数的10.1%。

根据城乡一体化住户调查,2014 年全体居民人均可支配收入 32658 元,比上年增长 9.7%,扣除价格因素增长 7.4%。其中,城镇常住居民和农村常住居民人均可支配收入分别为 40393 元和 19373 元,增长 8.9%和 10.7%,扣除价格因素分别增长 6.8%和 8.3%。全年全体居民人均可支配收入中位数 28580 元,比上年增加 3370 元,增长 13.4%。其中,城镇常住居民人均可支配收入中位数 36404 元,比上年增加 3656 元,增长 11.2%;农村常住居民人均可支配收入中位数 18460 元,比上年增加 2581 元,增长 16.3%。2014 年,全体居民人均消费支出 22552 元,比上年增长 9.4%,扣除价格因素增长 7.1%。其中,城镇常住居民和农村常住居民人均生活消费支出分别为 27242 元和 14498 元,增长 7.9%和 13.2%,扣除价格因素分别增长 5.8%和 10.8%。

二、大企业和上市公司

大企业最能代表浙商的成就。近年来,浙江民营经济在全国的地位,主要是通过浙商大企业在全国 500 家民营大企业中的地位体现的。从全国范围来看,浙商大企业最显著的特点有二:一是自全国民营企业 500 强发布 20 年来,浙商大企业作为一个群体,数量最多、一枝独秀的局面长期持续;二是浙商大企业从未进入全国民营大企业前三名。

浙商大企业地位变化

根据全国工商联每年 8 月份前后发布的民营企业 500 强名单,2014 年,民营企业 500 强入围门槛为 95.09 亿元,较 2013 年增加 3.87 亿元,增幅为 4.24%,比 2013 年的增幅 17.38%降低 13.14 个百分点;营业收入总额达到 146915.71 亿元,户均 293.83 亿元,增速为 11.20%,有 4 家企业营业收入突破 2800 亿元大关;企业资产总额为 138227.40 亿元,户均 276.45 亿元,比 2013 年增长 25.40%。

表 1-3 统计了 2002—2014 年间,浙江、江苏、广东、河南、山东、四川、上海、北京等 8 个不同省份(直辖市)的民营大企业在全国民营企业 500 强榜单上的变化情况。表中的数据系各企业当年营业收入总额,对应于次年发布的评价报告,2002 年上榜单的浙江省民营企业为 189 家,依据的也是 2002 年的营业收入。目前浙江民营大企业在全国总体保持领先地位,但优势开始逐渐减弱。

表 1-3 全国民营企业500强情况变化表

年份	2002	2003	2004	2005	2006	2007	2008	2009	2010	2011	2012	2013	2014
浙江省													
入选户数	189	183	204	203	179	185	161	180	144	142	139	138	138
最前排名	3.万向	6.广厦	5.广厦	5.广厦	5.广厦	7.广厦	7.海亮	4.广厦	6.吉利	6.吉利	6.吉利	9.吉利	10.吉利
最前收入（万元）	1182647	1564435	2561390	3165835		4420488		5085054	6827951	15099498	15489452	15842925	15395264
最后排名	495.方太厨具	500.黄岩洲煌	496.杭州兴耀	499.康奈	482.沪光集团	500.亚太高科	498.杭州发达齿轮箱	497.华瑞集团	499.华迪钢业	500.伟星集团	497.富阳申能	497.公元塑业	495.金洲集团
最后收入（万元）	40318	60810	134202	183011		296956		367068	506065	656858	781135	918114	967148
江苏省													
年份	2002	2003	2004	2005	2006	2007	2009	2009	2010	2011	2012	2013	2014
入选户数	78	105	106	113	106	112	109	130	118	108	93	96	91
最前排名	2.江苏沙钢	3.江苏沙钢	2.江苏沙钢	2.苏宁	2.苏宁	1.江苏沙钢	1.江苏沙钢	1.江苏沙钢	2.江苏沙钢	1.江苏沙钢	1.苏宁	1.苏宁	3.苏宁
最前收入（万元）	1456060	2040198	4054752	6095237		14523215		14631303	17862398	20752771	23272272	27981625	28294180
最后排名	496.诚德钢管	495.常熟市汽车内饰件厂	491.江苏万顺	484.交通工程	486.天雨环保	499.常州轨道车辆牵引	472.常州老三	498.鹰翔化纤	490.雅鹿集团	494.华亚光纤	499.江中集团	498.弘盛建筑工程	471.苏州市相城区江南化纤
最后收入（万元）	40231	61337	135001	188737		300001		366536	510771	662691	780519	914301	1045335
上海市													
年份	2002	2003	2004	2005	2006	2007	2008	2009	2010	2011	2012	2013	2014
入选户数	36	35	26	24	23	26	29	19	17	15	16	15	14
最前排名	6.复星高科技	2.复星高科技	4.复星高科技	4.复星高科技	4.复星高科技	4.复星高科技	11.东方希望	14.复星高科技	19.东方希望	20.复星高科技	26.复星高科技	7.中国华信能源	8.中国华信能源

续 表

年份	2002	2003	2004	2005	2006	2007	2008	2009	2010	2011	2012	2013	2014
最前收入（万元）	1011695	2696921	3213900	3853200		4881041		3609215	4831000	5798111	5290594	20998533	21399476
最后排名	500.上海市北家电	484.星城石油有限公司	497.华普汽车	468.巨盈实业	462.上海家饰佳	478.上海春冶钢铁	482.上海题桥纺织染纱	459.上海国美电器	454.上海亚龙投资	387.上海致达科技	500.上海龙宇燃油	429.上海奥盛投资	464.致达控股集团
最后收入（万元）	40000	62393	134114	194953		314492		388503	538055	805973	777174	1052932	1054932

北京市

年份	2002	2003	2004	2005	2006	2007	2008	2009	2010	2011	2012	2013	2014
入选户数	6	5	4	3	3	3	3	7	4	7	8	10	9
最前排名	1.联想控股	1.联想控股	1.联想控股	1.联想控股	1.联想控股	2.联想控股	2.联想控股	3.联想控股	4.联想控股	4.联想控股	2.联想控股	2.联想控股	1.联想控股
最前收入（万元）	3554249	4033096	10818936	13894689		11455850		10637514	14669743	18307800	22664582	24403077	28947583
最后排名	465.海诚电讯技术	454.京卫医药科技	454.北京华普产业	65.新华联	64.新华联	56.新华联	48.新华联	500.北京城建道桥建设	375.北京京奥港	440.北京京奥港	459.北京京奥港	500.北京明天	467.北京京奥港
最后收入（万元）	42939	66774	148901	915349		1491769		366046	619105	716595	824937	912226	1050599

广东省

年份	2002	2003	2004	2005	2006	2007	2008	2009	2010	2011	2012	2013	2014
入选户数	11	9	8	7	13	9	12	13	20	23	21	24	40
最前排名	46.惠州侨兴	23.惠州侨兴	111.乐从供销	82.深圳海王	11.怡亚通供应链	15.比亚迪	46.广东温氏食品	10.比亚迪	1.华为投资	2.华为投资	3.华为投资	4.华为投资	2.华为投资
最前收入（万元）	312744	695632	450000	737465		2678825		3976518	18517600	20392874	22019800	23902500	28819700
最后排名	402.广东天健实业	496.广东明珠集团	384.金盛卢氏	438.健康元药业	489.爱商精密电子	437.中山丝绸进出口	490.番禺大龙玻璃厂	495.健康元药业	489.广州大优煤炭销售	479.珠海秦发贸易	456.广东东凌粮油	471.朗华供应链	447.深圳市朗华供应链服务

续 表

年份	2002	2003	2004	2005	2006	2007	2008	2009	2010	2011	2012	2013	2014
最后收入（万元）	50000	61278	168394	207620		350000		368325	511006	680427	831682	975235	1101357
河南省													
年份	2002	2003	2004	2005	2006	2007	2008	2009	2010	2011	2012	2013	2014
入选户数	6	3	9	11	16	10	10	8	9	12	16	14	16
最前排名	187.益海粮油工业	141.定角实业	249.定角实业	134.蓝天集团	132.济源钢铁	80.济源钢铁	71.济源钢铁	112.天瑞	150.天瑞	147.天瑞	69.金龙精密铜管	99.金龙精密铜管	105.天瑞集团
最前收入（万元）	101068	180500	240003	501279		1171922		1060201	1315527	1792252	3181653	3258333	3560101
最后排名	472.河南大永实业	474.豫北金属冶炼厂	495.河南财鑫	458.思念食品	491.通宇冶材	475.金利冶炼	492.通宇冶材	437.思念食品	472.万洋冶炼	499.林州市林丰铝电	498.河南凤宝特钢	452.建业住宅	490.安钢集团信阳钢铁
最后收入（万元）	42369	64038	134419	200015		315961		400033	522130	656926	780702	1005324	988408
四川省													
年份	2002	2003	2004	2005	2006	2007	2008	2009	2010	2011	2012	2013	2014
入选户数	19	17	12	9	9	16	15	11	18	13	17	13	11
最前排名	28.四川宏达	31.通威	13.新希望乳业	20.四川宏达	20.四川宏达	6.新希望	8.新希望	5.新希望	11.新希望	12.新希望	14.新希望	20.新希望	21.新希望
最前收入（万元）	411025	616512	1634737	1674146		4469679		4606739	5596432	7538106	8063941	7789271	7820573
最后排名	462.遂宁市高金食品	475.四川怡和	483.华侨凤凰	500.四川龙蟒	499.巴尔农牧	493.四川富临实业	486.四川博力投资	464.四川龙蟒	500.成都华西希望	495.成都红旗连锁	455.四川濠吉食品	393.福华农科	474.福华农科
最后收入（万元）	43287	63913	137520	182740		300495		385297	505984	662388	832810	1127516	1041874
山东省													
年份	2002	2003	2004	2005	2006	2007	2008	2009	2010	2011	2012	2013	2014
入选户数	40	40	34	33	30	41	40	37	46	43	53	54	53

续　表

年份	2002	2003	2004	2005	2006	2007	2008	2009	2010	2011	2012	2013	2014
最前排名	16.山东金锣	38.山东金锣	20.临沂新程金锣肉制品	38.华盛江泉	38.华盛江泉	27.临沂新程金锣肉制品	4.日照钢铁	68.华泰	16.山东六和	5.山东魏桥创业	5.山东魏桥创业	3.山东魏桥创业	4.山东魏桥创业
最前收入（万元）	556018	539000	1359429	1260000		2229815		1514832	5068613	16101478	18651498	24138650	28193071
最后排名	451.山东华氏实业	459.冠县冠星纺织	494.山东晨曦	494.齐鲁特钢	487.昌乐世纪阳光纸业	497.齐鲁特钢	499.山东冠蒙建设	499.山东金升	492.临沂三德特钢	454.胜利油田高原石油装备	488.临清三和纺织	490.兴源轮胎	498.道恩集团
最后收入（万元）	45000	65700	134814	185584		300051		366224	510677	705563	798023	937159	956667

根据企业住所地区分,浙江与江苏在全国民营大企业中优势最突出。从2002—2014年趋势来看,浙江入选民营大企业500强的户数呈下降趋势,曾经鹤立鸡群的显著优势逐步降低。2004年、2005年是浙江民营大企业的巅峰时刻,随后呈明显下降趋势。受2008年国际金融危机冲击,浙商大企业在全国地位出现三次陡然降低,第一次出现在2006年,第二次出现在2008年,第三次出现在2010年。经过三次台阶式下降,浙商大企业的总体优势地位明显下降,持续降低的总体趋势已定。从中国经济的宏观基本面来看,这一趋势是合理的。另一方面,直到2014年,从绝对优势来看,浙商大企业群体仍然是最突出的,其总体绝对优势仍能保持若干年。

同处长三角地带的江苏,入选全国民营大企业的户数总体呈现升势。由2002年的78家上升到2009年的130家,此后几年有所下降和波动,至2014年江苏入选全国民营大企业的户数为91家。江苏、浙江在民营大企业表现上,正在逐步趋向减小波幅。但是江浙两省的合计数,总体看基本是持续降低的。上海入选民营大企业户数也呈明显下降趋势,从2002年的36户下降到2014年的14户,降幅最大。十多年来,江浙沪合计从303家下降到243家。长三角地区可能是唯一一个呈下降趋势的大经济区。

经济第一大省的广东,2014年以前在全国民营企业500家中所占席位一直不高,与江浙沪三省市形成强烈反差,2014年开始出现大幅上升,从24家上升至40家。山东、河南、北京基本稳定,另一经济大省四川表现平平。

自全国民营企业500强名单发布以来,浙商大企业从未占据过榜首位置,最前排名曾达到第3位,近几年最前排名稳定在第6位,而在过去的2014年,最前排名下跌至第10位,排名靠前的浙商大企业所属行业依次为机械加工和制造业的万向、建筑业的广厦、汽车整车的吉利;同期,江苏领先民营企业沙钢排名在第2位甚至第1位,属于冶金原材料行业,零售业的苏宁电器在2012年、2013年连续两年蝉联第1位。北京市的联想控股有限公司比较稳定,从2002年到2014年稳定在前5位,曾占据第1和第2位。上海复星高科技自2002年以来常常是上海市的领先民营企业,然而排名不断下降,从2003年的第2位到2012年的第26位,2013年中国华信能源取代上海复星高科技成为上海市民营企业的领头羊。隶属于广东省的华为投资近年来风头强劲,连续四年进入排名前5位。河南省、四川省以及山东省,三省进入榜单的民营企业大多数属于能源行业,与本省资源条件紧密相关。

从2002—2014年间入选的浙商大企业情况看，排名最前的浙商大企业营业收入提高为期初的13.0倍，江苏领先民营企业营业收入提高为期初的19.4倍，上海市提高为期初的21.2倍，北京市提高为期初的8.1倍，广东省、河南省、四川省以及山东省依次为92.2倍、35.2倍、19.0倍以及50.7倍。排名最后的浙商大企业营业收入提高24.0倍，江苏提高26.0倍，上海提高26.4倍，北京提高24.5倍，广东省提高22.0倍，河南省提高23.3倍，四川省提高24.1倍，山东省则提高21.3倍。

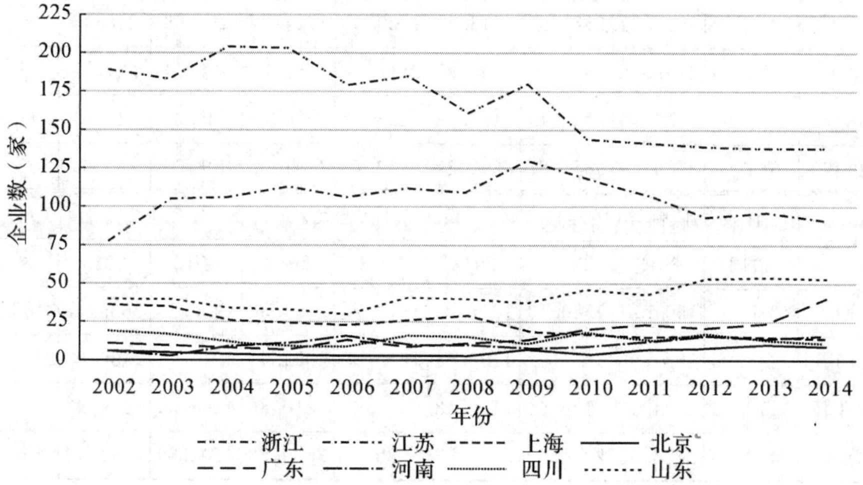

图1-1　八省市民营大企业比较图

浙江上市公司发展及总体表现

近年来，浙江的上市公司数量增长很快，其中大部分新增上市公司都是浙商新秀。2010—2014年间，浙江上市公司的数量增加了148家。2010年8月，浙江上市公司数量为152家，包括沪市A股63家，深市中小板80家、创业板9家。截至2015年8月，在沪深股市交易的浙江上市公司共有300只股票，其中包括沪市A股109家，沪市B股1家，深市A股13家，深市中小板126家，深圳B股1家、深市创业板50家。这些上市公司的财务数据在很大程度上可以反映浙商企业经营状况。

企业上市在提升治理规范性、增强抗风险能力、提升融资能力方面有显著功效。上市公司规模扩张,有利于增强其经营稳定性和可持续性,也促进其盈利能力向全社会平均水平靠拢,资产盈利率随公司规模扩张而降低也是一种普遍趋势。截至2014年底,浙江省共有297家上市公司。剔除其中2家B股上市公司和宁波银行数据,根据294家非金融上市公司发布的年报财务数据,浙江上市公司延续了一贯的成长性。

表1-4 浙江上市公司经营情况合计汇总表

年份	资产总额(亿元)			主营业务收入合计(亿元)			利润总额合计(亿元)		
	2012	2013	2014	2012	2013	2014	2012	2013	2014
沪市	3998.30	4550.21	5171.94	1513.26	1620.66	1717.97	198.09	218.43	309.75
深市	3112.79	3349.68	3895.73	1880.97	2112.18	2152.57	176.54	221.74	244.96
创业板	532.98	630.60	784.19	197.93	236.88	270.79	28.36	40.51	48.04
总和	7644.07	8530.49	9851.87	3592.17	3969.72	4141.32	403.00	480.69	602.75
年份	流动负债合计(亿元)			负债合计(亿元)			所有者权益合计(元)		
	2012	2013	2014	2012	2013	2014	2012	2013	2014
沪市	1330.34	1504.24	1580.13	1617.35	1910.74	2064.59	2380.96	2639.47	3107.35
深市	1048.00	1034.98	1111.42	1198.04	1219.65	1324.43	1914.74	2130.03	2571.30
创业板	112.62	134.13	189.94	124.48	155.67	210.86	408.50	474.93	573.34
总和	2490.96	2673.35	2881.50	2939.87	3286.07	3599.88	4704.20	5244.42	6251.99

数据来源:wind数据库,年报数据。

从财务数据来看,沪市、深市、创业板公司三类企业的资产负债率都比较低,沪市公司的净资产率基本保持稳定(59%),深市公司净资产率有所上升,从61.51%上升至66.00%以上,创业板公司的净资产率基本稳定(75%左右),流动负债占所有者权益的比重不高,沪市公司的流动负债占所有者权益的比重在波动中有所下降,深市公司的总负债占所有者权益比率持续下降,创业板公司总负债较少,但创业板负债总体呈上升趋势。三类上市公司都既不存在流动偿债压力,也不存在总债务风险,总体上看,三类公司的经营都比较稳健,详见表1-5。

表 1-5　浙江上市公司财务状况表

年份	资产负债率（长流动负债/资产总额）			净资产率（所有者权益/资产总额）			流动负债/利润		
	2012	2013	2014	2012	2013	2014	2012	2013	2014
沪市	40.45%	41.99%	39.92%	59.55%	58.01%	60.08%	671.58%	688.65%	510.14%
深市	38.49%	36.41%	34.00%	61.51%	63.59%	66.00%	593.62%	466.75%	453.71%
创业板	23.36%	24.69%	26.89%	76.64%	75.31%	73.11%	397.07%	331.09%	395.40%
总和	38.46%	38.52%	36.54%	61.54%	61.48%	63.46%	618.11%	556.15%	478.06%

年份	流动负债/所有者权益			资产利润率（净利润/资产总额）			净资产盈利率（净利润/所有者权益）		
	2012	2013	2014	2012	2013	2014	2012	2013	2014
沪市	55.87%	56.99%	50.85%	4.95%	4.80%	5.99%	8.32%	8.28%	9.97%
深市	54.73%	48.59%	43.22%	5.67%	6.62%	6.29%	9.22%	10.41%	9.53%
创业板	27.57%	28.24%	33.13%	5.32%	6.42%	6.13%	6.94%	8.53%	8.38%
总和	52.95%	50.98%	46.09%	5.27%	5.63%	6.12%	8.57%	9.17%	9.64%

数据来源：wind 数据库，年报数据。

从利润率来看，沪市公司资产利润率在 2013 年与 2012 年基本相近，2014 年相比于 2013 年上升了 1 个百分点，深市公司的盈利水平也有波动，但波动趋势与沪市公司相反，创业板公司盈利水平与深市中小板波动趋势相近，三类上市公司的利润率波动属正常。从资产盈利率看，沪市公司稳中有升，深市公司和创业板公司资产盈利有下降趋势，逼近沪市主板趋势明显，创业板上市公司资产盈利水平降低的趋势未有改变，详见表 1-5。

从流动负债占利润的比率来看，沪市公司这一比率最高，但 2014 年有明显降低，鉴于沪市公司抗风险能力强，当年利润支撑其偿还流动债务的压力比较小，高比率对企业经营影响并不大；从盈利能力管理和偿债能力比较的视角看，沪市公司的经营状况还有大幅提高的空间，也有大幅提高的必要。深市公司的流动负债占利润的比率有所下降，反映中小板上市公司规模扩张减缓，2014 年基本与 2013 年持平，已经接近沪市公司水平。创业板公司的流动负债占利润比率波动较大，上市对于提升企业融资能力管理很有必要。对创业企业来说，流动债务水平普遍迅速上升和净资产盈利率显著降低同时发生，虽然尚不足以对当下的经营产生严重压力，但这种趋势应当引起注意。

上市公司经营状况

1.资产规模

2012—2014年,浙江的沪市A股108家上市公司资产总额由3998.30亿元增长到5171.94亿元,增幅29.35%;深市126家上市公司资产总额合计由3112.79亿元增长到3895.73亿元,增幅25.15%;创业板50家上市公司资产总额合计由532.98亿元增长到784.19亿元,增幅47.13%。沪市公司和深市公司规模相对已经较大,以经营稳定为主要特征,资产增长并不显著,但稳定。创业板公司资产增长速度远高于沪市公司和深市公司,规模扩张特征明显。企业规模不同、在不同发展阶段上,资产规模增幅呈现显著的阶段性特征。所有上市公司资产总额由7644.07亿元增长到9851.87亿元,增幅28.88%,三类公司资产都持续增长,只是增幅不同,详见图1-2。

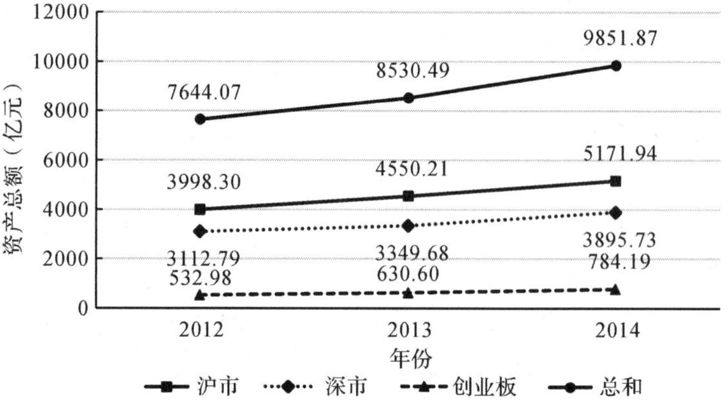

图1-2 浙江上市公司资产变动情况图

2.主营业务收入

2012—2014年,浙江的沪市108家上市公司主营业务收入由1513.26亿元增长到1717.97亿元,增幅13.53%;深市126家上市公司主营业务收入合计由1880.97亿元增长到2152.57亿元,增幅14.44%;创业板50家上市公司主营业务收入合计由197.93亿元增长到270.79亿元,增幅36.81%。沪市公司和深市公司主营业务收入增长速度相近,创业板公司增长较快。所有上市公司资产总额由3592.17亿元增长到4141.32亿元,增幅15.29%,详见图1-3。

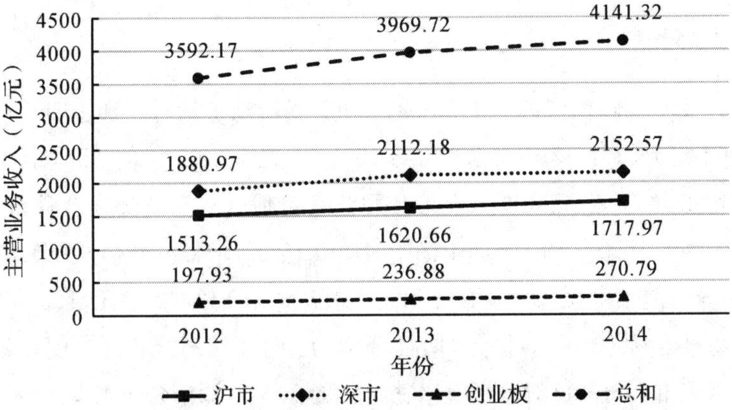

图 1-3　浙江上市公司主营业务收入变动图

3.盈利状况

2012—2014 年,浙江沪市 108 家上市公司净利润稳步提升,从 198.09 亿元增长到 309.75 亿元,增幅 56.37%,尤其是 2014 年上升较大,相比 2013 年增长了 41.80%;深市 126 家上市公司净利润由 176.54 亿元增长到 244.96 亿元,增幅 38.74%,增长速度逐年有下降的趋势;创业板 50 家公司净利润由 28.36 亿元增长到 48.04 亿元,增幅 69.37%,2013 年增长较快,比 2012 年增长了 42.83%。沪市公司近年的盈利能力较强,深市公司和创业公司有增速减缓的趋势。所有上市公司资产总额由 403.00 亿元增长到 602.75 亿元,增幅 49.57%。详见图 1-4。

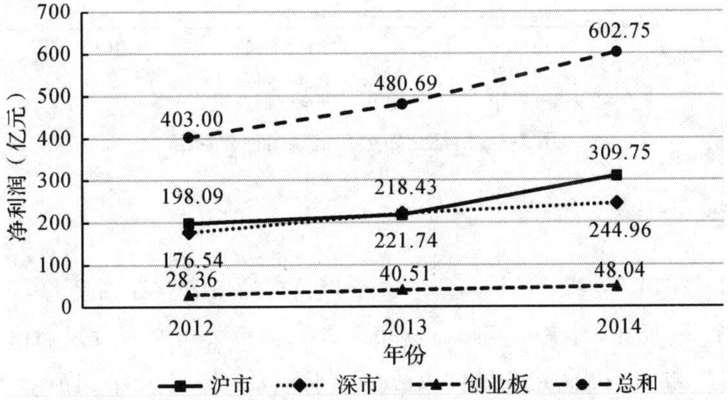

图 1-4　浙江上市公司盈利状况图

4. 负债情况

2012—2014年,浙江的沪市108家上市公司流动负债合计和总负债合计分别由1330.34亿元、1617.35亿元增长到1580.13亿元、2064.59亿元,增幅分别为18.78%和27.65%;深市126家上市公司流动负债合计和总负债合计由1490.02亿元、195.79亿元增长到1694.94亿元、410.98亿元,增幅分别为6.05%,10.55%;创业板43家上市公司流动负债合计和总负债合计由112.62亿元、124.48亿元增长到189.94亿元、210.86亿元,增幅分别为68.66%,69.39%。创业板公司总负债很少,深市公司的负债增幅远超过资产增幅,显示深市公司规模扩张主要由负债增加支撑的。所有上市公司流动负债合计和总负债合计分别由2490.96亿元、2939.87亿元增长到2881.50亿元、3599.88亿元,增幅分别为15.68%,22.45%。三类企业的负债增幅都超过其资产增幅,反映出企业经营状况普遍不如以前。分析负债增加的部分,三类公司的负债增加更多地体现为总负债增加,尤其是创业板公司。这与企业不同发展阶段的融资特征显著相关,详见图1-5、图1-6。

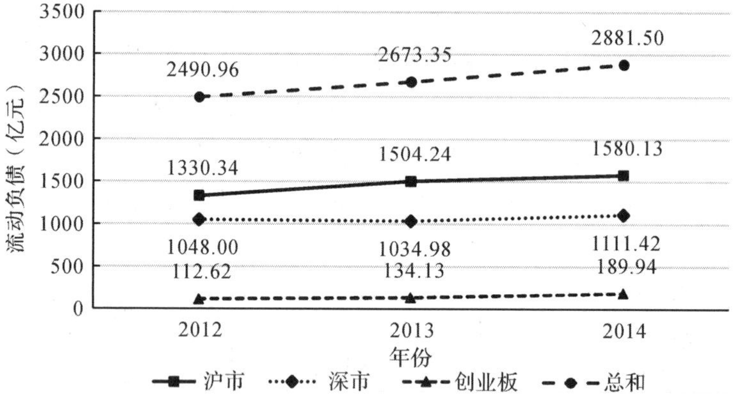

图1-5 浙江上市公司流动负债变动图

5. 所有者权益

2012—2014年,浙江的沪市108家上市公司所有者权益由2380.96亿元增长到3107.35亿元,增幅30.51%;深市126家上市公司所有者权益由1914.74亿元增长到2571.30亿元,增幅34.29%;创业板50家上市公司所有者权益由408.50亿元增长到573.34亿元,增幅40.35%;所有上市公司所有者权益由

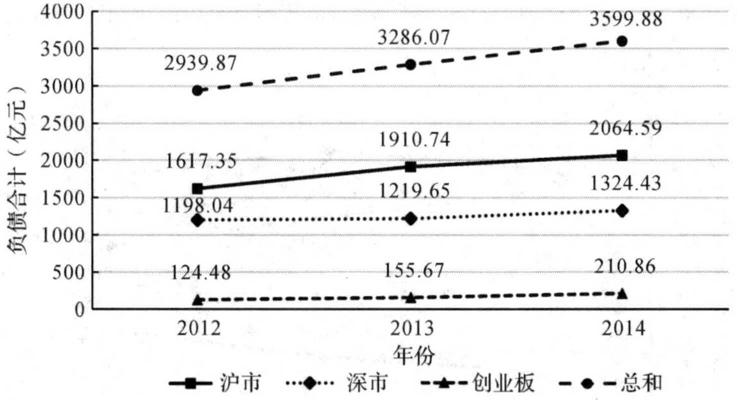

图 1-6 浙江上市公司总负债变动图

4704.20 亿元增长到 6251.99 亿元,增幅 32.90%。所有者权益都呈现持续增长,其中,沪市公司和深市公司所有者权益增长稳定,创业板公司所有者权益增幅最大,不同规模公司在所有者权益方面显示出均等化趋势,详见图 1-7。

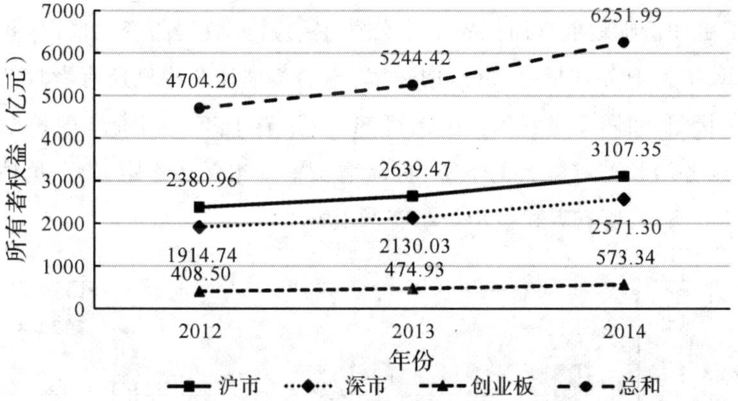

图 1-7 浙江上市公司所有者权益变动图

6. 资产负债率

2012—2014 年,浙江的沪市 108 家上市公司资产负债率由 40.45%波动到 39.92%,基本保持稳定,2013 年略有上升,而后又有所下降;深市 126 家上市公司资产负债率由 38.49%降到 34.00%,呈现较为平稳的下降趋势;创业板 50 家上市公司资产负债率由 23.36%增长到 26.89%,呈现上升趋势;所有上市公司资产负债率由38.46%波动到36.54%,2013年基本与2012年持平,2014年有所下降。详见图1-8。

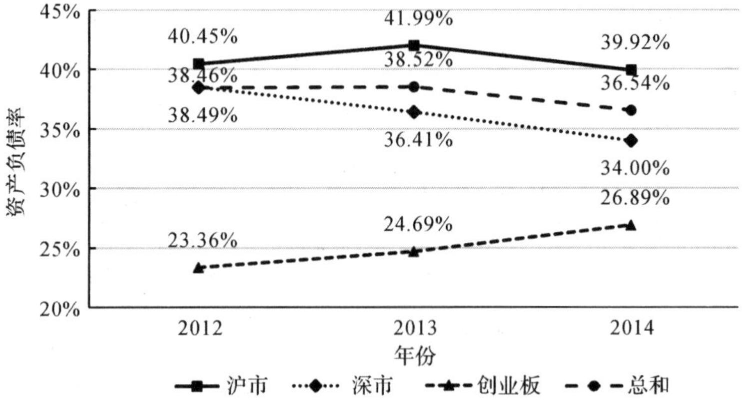

图1-8 浙江上市公司资产负债率变动图

7. 上市公司成长性

为了更加清晰地展现浙江省上市公司主要财务数据的变化情况,我们将资产增长率、主营业务增长率、负债增长率、流动负债增长率和所有者权益增长率绘制成柱状图,如图1-9所示。由图可知,浙江省上市公司资产增长率有所上升,主营业务增长率有较大的下降,负债增长率基本保持稳定,流动负债增长率也基本保持稳定,所有者权益增长率有所上升。

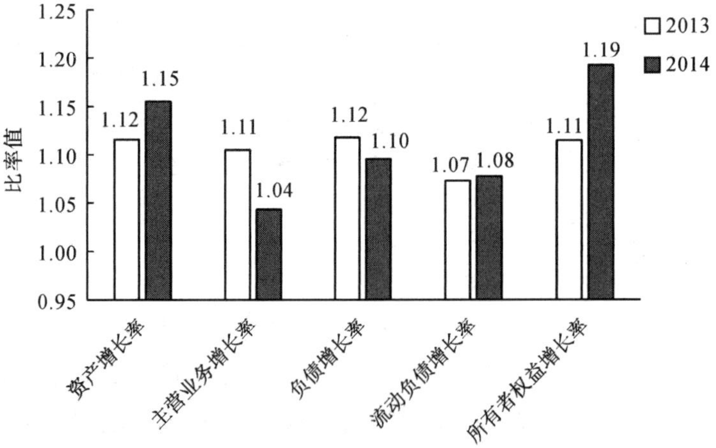

图1-9 浙江上市公司主要财务数据增长率变动图

上市公司财务分析

从若干财务比率看，浙江上市公司的财务状况既有令人乐观的表现，也有令人担忧的问题。

1. 所有者权益/资产总额

2012—2014 年，浙江的沪市 108 家上市公司所有者权益/资产总额由 59.55％波动到 60.08％，基本保持稳定，2013 年略有下降，而后上升；深市 126 家上市公司所有者权益/资产总额由 61.51％降到 66.00％，呈现较为平稳的上升趋势；创业板 50 家上市公司所有者权益/资产总额由 76.64％降到 73.11％，呈现较为平稳的下降趋势；所有上市公司所有者权益/资产总额由 61.54％波动到 63.46％，2013 年基本与 2012 年持平，2014 年有所上升，详见图 1-10。

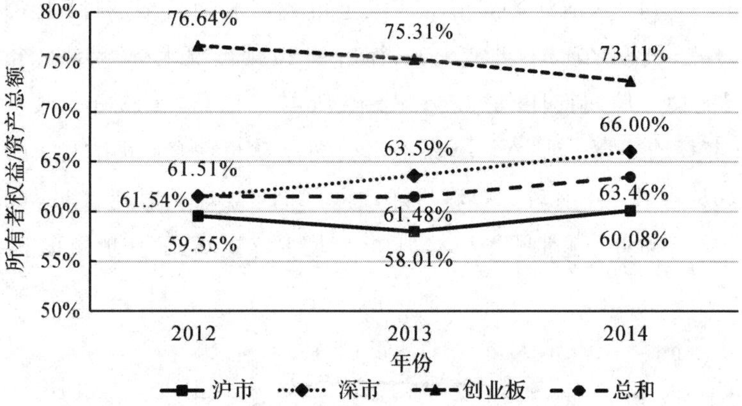

图 1-10　浙江上市公司所有者权益/资产总额变动图

2. 资产利润率

2012—2014 年，浙江的沪市 108 家上市公司资产利润率由 4.95％波动到 5.99％，2013 年略有下降，而后在 2014 年又大幅上升；深市 126 家上市公司资产利润率由 5.67％波动到 6.29％，2013 年有较大幅度上升，2014 年有所下降；创业板 50 家上市公司资产利润率由 5.32％波动到 6.13％，变化趋势与深市公司相近；所有上市公司资产利润率由 5.27％波动到 6.12％，呈现稳步上升趋势，详见图 1-11。

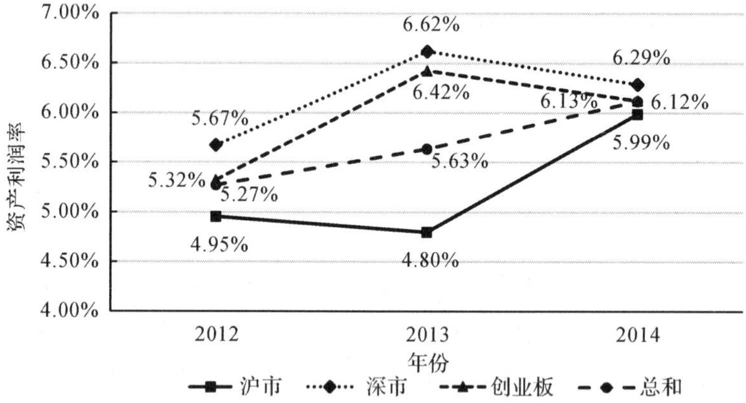

图 1-11 浙江上市公司资产利润率变动图

3.流动负债/利润

2012—2014年,浙江的沪市108家上市公司流动负债/利润由671.58%波动到510.14%,2013年略有上升,而后于2014年又大幅下降;深市126家上市公司流动负债/利润由593.62%下降到453.71%,2013年有较大幅度下降,2014年略有下降;创业板50家上市公司流动负债/利润由397.07%波动到395.40%,2013年有较大幅度下降,而后2014年增长回到2012年水平;所有上市公司流动负债/利润由618.11%波动到478.06%,呈现稳步下降趋势,详见图1-12。

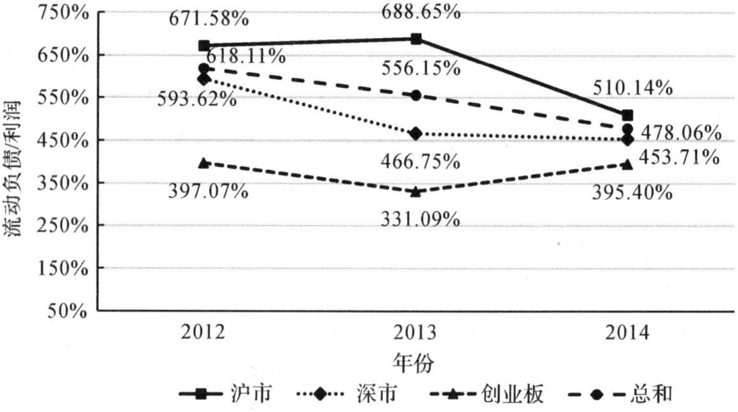

图 1-12 浙江上市公司流动负债/利润变动图

4.流动负债/所有者权益

2012—2014 年,浙江的沪市 108 家上市公司流动负债/所有者权益由 55.87%波动到 50.85%,2013 年略有上升,而后在 2014 年又大幅下降;深市 126 家上市公司流动负债/所有者权益由 52.95%下降到 43.22%,2013 年有较大幅度下降,2014 年略有下降;创业板 50 家上市公司流动负债/所有者权益由 27.57%上升到 33.13%,尤其是 2014 年有较大幅度上升;所有上市公司流动负债/所有者权益由 54.73%波动到 46.09%,呈现稳步下降趋势,详见图 1-13。

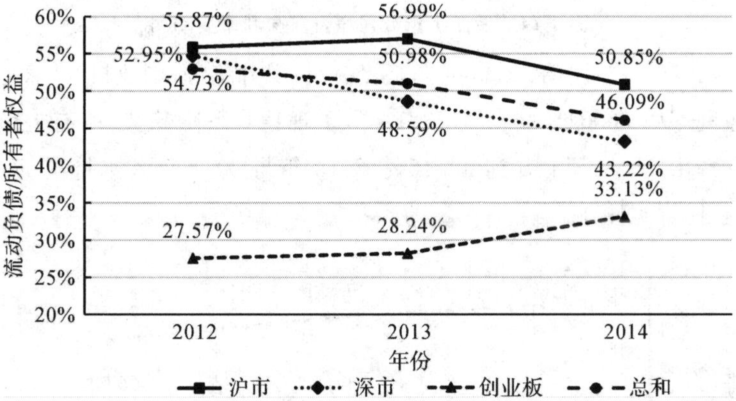

图 1-13　浙江上市公司流动负债/所有者权益变动图

5.净资产盈利率

2012—2014 年,浙江的沪市 108 家上市公司净资产盈利率由 8.32%波动到 9.97%,2013 年与 2012 年基本持平,而后 2014 年大幅上升;深市 126 家上市公司净资产盈利率由 9.22%波动到 9.53%,2013 年有较大幅度上升,2014 年下降到接近 2012 年水平;创业板 50 家上市公司净资产盈利率由 6.94%波动到 8.38%,2013 年有较大幅度上升,2014 年略有下降;所有上市公司净资产盈利率由 8.57%上升到 9.53%,呈现稳步上升趋势,详见图 1-14。

6.所有者权益/资产总额

2012—2014 年,浙江的沪市 108 家上市公司净资产盈利率由 59.55%波动到 60.08%,2013 年略有下降,而后 2014 年小幅上升;深市 126 家上市公司净资

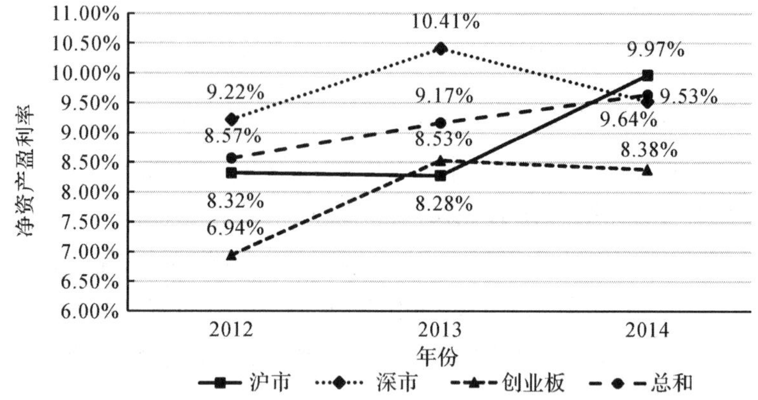

图 1-14　浙江上市公司净资产盈利率变动图

产盈利率由 61.51%波动到 66.00%,呈现稳步上升趋势;创业板 50 家上市公司净资产盈利率由 76.64%波动到 73.11%,呈现稳步下降趋势;所有上市公司净资产盈利率由 61.54%上升到 63.46%,2013 年与 2012 年基本持平,而后 2014 年小幅上升,详见图 1-15。

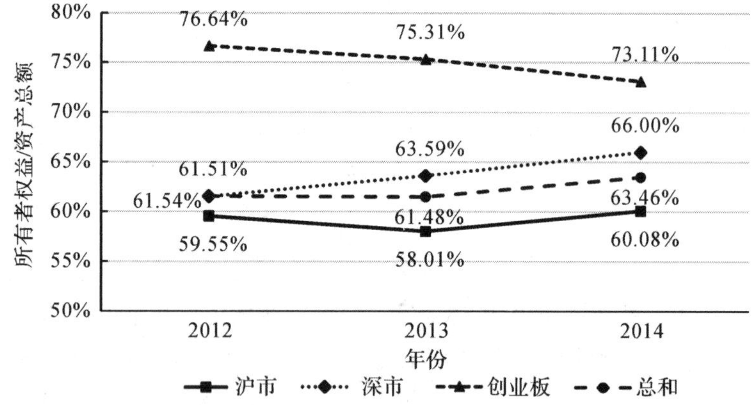

图 1-15　浙江上市公司所有者权益/资产总额变动图

三、从反腐败看政商关系

中共十八大以来,新一代领导人在反腐败方面的进展举世瞩目。

在已经公布和媒体披露的许多反腐案件中,在近年诸多经济热点领域涉及权钱交易、权色交易的情况中,部分涉及浙商。这是我们所不愿意看到的。由此,再度引发人们关于如何处理政商关系的深思。

在单一制国家里,能否建立良好的政商关系、如何建立政商关系,对于企业发展来说,无疑至关重要。在微观主体的商业利益和公共利益之间形成良性平衡,营造公平公正公开的商业竞争环境,需要把握正常政商关系的度。从长远看,政商勾结损害公共利益、侵犯他人权益,甚至通过谋求政商勾结把商业竞争引向歧途,破坏了良好营商环境,也终将损害自身。

"草根"出身的浙商,大多能恰当地处理个人利益和社会公共利益关系。在实践中,也有不少人会把个人商业利益极端化,做出损害公众利益的事情。随着社会主义市场经济的发展完善,制假贩假、欺诈、寻租、欺行霸市的情况越来越少。在房地产领域,由于寻租空间巨大、土地管理制度缺陷,易于诱发官商勾结情况。

我们痛心地看到,作为中国民营经济发展先锋的浙商,也在近年来密集暴露的许多反腐败个案中被提及。这些个案,促使我们反思浙商未来发展的重大问题,对未来如何构建良好的政商关系有所助益。

以下为涉及浙商的几个大案。

1. 据媒体报道,在原全国政协副主席、原江西省委书记苏荣涉嫌的一个重大案件——新余高专老校区土地出让中,有浙商参与其中。

"……土地位于新余市繁华的北湖路中段,毗邻北湖公园,占地322亩,曾是新余高专老校区……2009年在对外公开拍卖过程中,时任新余市长李安泽在于丽芳的干预下,擅自中断拍卖程序,以70万元/亩的价格将该地块贱卖给浙江籍商人陈建男,而当时该地段的土地成交价应在360万元/亩左右。……安泽在帮助于丽芳拿下新余高专老校区地块后,很快就被提拔为新余市委书记。据报道,为此,他还与苏荣夫妇在南昌索菲特泰耐克大酒店吃饭庆祝,而投资建设该酒店的正是取得新余高专老校区地块开发权的浙江籍商人陈建男。"①

2. 据报道,原云南省委副书记、原昆明市委书记仇和涉嫌土地违法案件中,有浙商身影。

"在卸任昆明市委书记前夕,浙江涌鑫房地产开发有限公司进入昆明。

① 蔡如鹏:《苏荣的权力场》,《中国新闻周刊》,2014-10-09,11:01:26, http://news.inewsweek.cn/detail-991.html。

当时此公司想在呈贡拿一块地,在周边的土地达到700万元一亩的价格时,此公司却只愿意支付200万元一亩。后来,土地的相关部门觉得实在不好交待,只得找到公司再商量,最后,同意加到300万元一亩。'不久后,市委市政府就以红头文件的形式发了一个文,把土地的交易价格就规定在了300万元一亩;也就是说,在土地招拍挂之前,价格就已经先定好了'。一位接近昆明官场高层的知情人说,'都是由仇和一手安排的。后来此公司要的地块的招拍挂就只是为了完成一个形式'"。①

3.根据媒体报道,曾经名气很大的著名浙商楼忠福涉嫌官商勾结。

"据目击者称,2014年12月27日中午,广厦控股集团有限公司(下称"广厦集团")董事局荣誉主席、实际控制人楼忠福搭乘的从广州飞往杭州的航班在萧山机场落地……楼忠福在廊桥下被带走。"

……

"被中纪委带走的前一天,楼忠福在广州参加了一个庆典活动,并作为受邀嘉宾发表了激情洋溢的演讲,宣讲他的'争抢'理论——'梦想不是等来的,是争来的''老婆、老总都是抢来的''该抢则抢'……从媒体的报道看,当天的楼忠福未见任何异样。"

……

"公开资料显示,2002年,时任广厦集团董事局主席的楼忠福与北京强势合力国际会展有限公司(下称'强势合力')合资,成立了北京中青红舰网络技术有限公司。该公司1018万元的注册资金中,楼忠福以自然人身份出资1000万元,强势合力以企业法人身份出资18万元,但双方分红按照6∶4的比例。该公司成立后并无实际业务,并于2007年注销。"

"强势合力的母公司是'趋势中国传播机构',由令家成员之一的令狐剑创办经营。"

"从公开报道中可搜索到的楼忠福与令家的交集还包括,楼在令计划妻子谷丽萍担任要职的瀛公益基金会和中国青年创业国际计划成立时,进行了

---

① 《仇和曾在今年云南两会谈反腐:反腐好 像我就好好的》,《南方人物周刊》,2015-04-01,22:25,http://news.ifeng.com/a/20150401/43465174_0.shtml。

巨额的捐助。”

……

“在身边人的观察中，当上经理后的楼忠福便一门心思搞政治，一步一步攀附权贵，广结政界资源。”

“在过去的30年中，楼忠福织就了庞大的政商关系网，其政界资源也由东阳市而金华市，由金华市而浙江省，由浙江省而延至省外，直至攀上更高级别的朋友——令氏家族。”

“这条重金铺就的权势之路，成就了今天的楼忠福。然而，最后，成败皆因权势。”

“楼忠福‘出事后’一月余，浙江省原政协副主席、原组织部部长斯鑫良被宣布落马。”

“东阳当地一名举足轻重的企业家向《中国经济周刊》记者透露，斯鑫良确由楼忠福供出，同样来自东阳的斯鑫良是楼忠福在浙江官场上最亲密的朋友。”①

① 《广厦集团创始人楼忠福最新消息：与令计划家多交集》，观察者网，2015-07-28，09：30：25，http://www.guancha.cn/politics/2015-07-28-328414.shtml。

第二部分 “走出去”和“一带一路”战略中的浙商

当代浙商走向海外,可以追溯至20世纪90年代。浙商“走出国门”的率先实践,为后来形成促进民营企业“走出去”,以及“一带一路”的国家战略做了铺垫和准备;“走出去”和“一带一路”的国家战略,则为提升浙商“闯世界”提供了新的舞台和支撑。展望未来,必将有更多的浙商在“走出去”和“一带一路”中成长为世界级企业。

20世纪90年代起,万向集团就率先在美国设立万向集团美国公司,并以此为平台先后收购多家美国本土公司,开启了浙江民营企业境外投资先河。经过二十多年的发展,截至2014年12月底,浙江省内经审批和核准的境外投资企业和机构累计已过7021家,对外直接投资额累计达261.85亿美元。“十二五”以来对外投资额达到160亿美元,其中民营企业境外投资占总额的90%左右。2014年全省直接对外投资额居全国第5位,对外承包工程额居全国第7位。浙江民营企业境外投资遍布全球142个国家和地区,正在逐步从传统东南亚及欧美市场向非洲、南美洲等新兴市场拓展。民营企业“走出去”已经从以境外营销网络建设为主向境外投资设厂、资源能源开发、收购国际知名品牌等多领域拓展,近几年海外并购频出大手笔。抱团发展是浙商崛起的重要特征,在浙商“走出去”中,抱团发展仍然是重要形式。

在“走出去”和参与“一带一路”战略过程中,东道国可以简单分为两类:发达国家和发展中国家。在跨国经营和对外投资方面,除了普遍存在的文化冲突之外,与企业经营关系更大的制度和管理问题也存在显著差异。相比于中国,在发达国家,社会经济科技文化发展水平高,社会保障水平高,经营活动面临规范、稳定、严格的法律等制度环境，劳动者权益保护体系完整，劳工组织力量强大，企业经营活动和企业管理行为受到东道国法律的严格限制，不少在国内行之有效、单纯追求企业效益的做法，是受到当地法律严格禁止、行不通的，企业经营活动必须遵守当地法律，注重保持与当地社会文化、生活习惯的协调。在发展中国家，社会经济科技文化发展水平与浙江情况类似或者落后于浙江，社会发展有许多空白领域，这为企业发展提供了巨大空间，同时，缺少社会规范、容易产生东道国非理性排外行为甚至演化为暴力事件的风险，对外来投资者形成最严重威胁。

浙商在发达国家或者发展中国家都曾经遭受严重挫折和损失，也都取得过很好的成功经验。

一、浙商“走出去”参与“一带一路”现状

作为中国民营经济的先锋，浙商早在20世纪90年代就率先进行了海外直接投资。21世纪以来，浙商的海外投资更是发展迅速。国家鼓励民营企业“走出去”，既是对浙商率先“走出去”的经验认可，也是对民营企业未来发展的准确把握。国家战略与民营经济发展在“走出去”上实现相互融合、彼此促进。

丝绸之路经济带、21世纪海上丝绸之路，是中国新一代领导人提出的关于长远未来发展的国家战略，是新一代领导人谋划的场面宏大、影响力最大、覆盖地域范围最广的国家战略。“一带一路”战略，结合了国内社会经济发展与国际经济、政治、安全、外交现状等，是中国和平崛起的新阶段和必然步骤。民营经济参与国家战略，在推进国家战略中实现民营经济跨国经营和海外投资的发展，既是民营经济发展的大事，也攸关国家战略效果。在“一带一路”框架下，把民营企业的跨国发展和海外投资推向一个新的高度，实现民营经济大发展，是一个成功的国家战略的应有之意。

根据对浙江省内133家“走出去”民营企业以及34个县(市)区工商联、33家工商联基层商会实名调研情况，在对外投资和跨国经营中，具有相当规模和实力的企业已经成为主体力量，按2014年营业收入规模看，5亿元以上的企业有66家，已经占半数；营业收入在5000万—5亿元之间的企业有47家，占1/3强(表2-1)。

表 2-1 对外投资企业规模

营业收入	小计(家)	比例
5000万元以下	15	11.28%
5000万—5亿元	47	35.34%
5亿元以上	66	49.62%
(空)	5	3.76%

"走出去"企业雇员状况

大量雇用东道国的当地员工,已经成为当前浙商对外投资和跨国经营的主要特征之一。在受调查的133家企业中,当地雇员占比30%—50%的企业有43家,当地雇员占比50%以上的企业有58家,雇员占比30%以上的企业占比高达76%,雇员本地化程度很高,说明当地人力资源优势(低成本或者高技能)是吸引浙商对外投资的主要原因之一(表2-2)。

表 2-2 对外投资企业当地雇员情况

当地雇员占比	小计(家)	比例
无	3	2.26%
30%以下	24	18.05%
30%—50%	43	32.33%
50%以上	58	43.61%
(空)	5	3.76%

企业"走出去"的主要形式

企业"走出去"的主要形式有:对外直接投资(投资方式:新设)、对外工程承包、对外劳务合作、产品和服务出口。其中,产品或服务出口这一传统国际贸易形式仍然是浙商"走出去"最普遍的形式,此外,在东道国新设企业或跨国并购,已经成为浙商对外投资的主要形式。在东道国新设企业的有66家,跨国并购的有40家,两者合计占比高达80%(表2-3)。

表 2-3 企业“走出去”的主要形式

选项	小计(家)	比例
对外直接投资(投资方式:新设)	66	49.62%
对外直接投资(投资方式:并购)	40	30.08%
对外工程承包	13	9.77%
对外劳务合作	10	7.52%
产品和服务出口	80	60.15%
(空)	3	2.26%

“走出去”企业的对外投资区域分布

中国地处亚欧大陆,这一地理特征在浙商对外投资中明显突出,亚欧大陆是浙商企业“走出去”的最主要目的地。占受访企业半数的 66 家企业投资亚洲,49 家企业在欧洲有投资占的受访企业 1/3 强,33 家投资北美的企业占全部受访企业近 1/4(表 2-4)。

表 2-4 “走出去”企业对外投资区域分布

投资目的地	小计(家)	比例
亚洲	66	49.62%
欧洲	49	36.84%
北美洲	33	24.81%
南美洲	18	13.53%
非洲	25	18.80%
大洋洲	14	10.53%
(空)	24	18.05%

“走出去”企业对外投资资金来源

关于实施对外投资的资金来源,主要还是企业自有资金;同时,境内融资开始成为企业对外投资可用的一个资金来源。境外融资和国内提供的政策性资金这两种资金来源对浙商境外投资并不普遍,政策性投资可能局限于少数国有企业,要提高境外融资在浙商对外投资中占比则可能涉及更多方面,是更复杂的问题,需要更长的时间。117家企业使用自有资金对外投资,占受访企业的88%;同时,有43家企业采取了境内融资境外投资的方式。目前,在浙商对外投资的资金来源中,国内政策性资金和境外融资占比都是略超过10%(表2-5)。有91家对外投资企业,自有资金是占比最大的资金来源,境内融资占对外投资比例最大的有8家企业,把境外融资或政策性资金作为对外投资中占比最大资金来源的企业各有1家(表2-5)。

表2-5 支撑浙商"走出去"的资金来源

资金来源	小计(家)	比例
企业自有资金	117	87.97%
境内融资	43	32.33%
境外融资	15	11.28%
国家政策性资金	15	11.28%
其他	5	3.76%
(空)	8	6.02%

占全部资金比例最大的资金来源(表2-6):

表2-6 企业对外投资中占比最大资金来源

选项	小计(家)	比例
企业自有资金	91	68.42%
境内融资	8	6.02%
境外融资	1	0.75%
国家政策性资金	1	0.75%
其他	0	0%
(空)	36	27.07%

"走出去"企业目前经营和收益状况

关于受访企业对外投资目前的收益状况,浙商对外投资的收益水平整体上比较好。占比30%的41家企业还处于投资建设期,尚未产生收益;基本达到预期收益水平的有 59 家企业，占比 44%；有 10 家企业的对外投资收益超过预期水平，占比 7%(表 2-7)。

表 2-7 企业对外投资收益状况

选项	小计(家)	比例
处于投资建设期，尚未产生经济效益	41	30.83%
未达到预期	8	6.02%
基本达到预期	59	44.36%
超过预期	10	7.52%
项目亏损	1	0.75%
(空)	15	11.28%

企业“走出去”的动因

战略性考虑或战略因素已经在浙商对外投资动因中占有突出重要的地位。战略扩张体现为对外投资，对外投资贯彻战略意图，对外投资与其战略扩张高度融合，已经成为浙商“走出去”的显著特征。在浙商对外投资的诸多动因中，“拓展国际市场”一枝独秀，占比远远高出其他选项的比例，在全部受访的 133 家企业中，占比 83%的 111 家企业选择此项。58 家企业把“追求跨越式发展”作为对外投资的原因，占比 44%。55 家企业把“获取品牌、技术、人才等战略要素”作为对外投资的动因。“获取国外原材料等资源”是 26 家企业的对外投资动因。另外，受访企业提到的对外投资动因还有“寻找海外资源”“贸易壁垒”“产业转型升级”“产业链延伸”等(表 2-8)。

表 2-8 企业“走出去”的主要动因

选项	小计(家)	比例
拓展国际市场	111	83.46%
获取国外原材料等资源	26	19.55%
获取品牌、技术、人才等战略要素	55	41.35%
优势产能转移	18	13.53%
利用当地劳动力等要素降低产品成本	29	21.8%

续 表

选项	小计(家)	比例
企业实现跨越式发展	58	43.61%
其他	3	2.26%
(空)	6	4.51%

制约企业"走出去"的因素

关于自身存在的影响企业"走出去"发展的因素,受访企业提到最多的是"国际经营管理人才",有85家企业(占比约64%)提到此项。此外,反映"专业技术人才""对东道国缺乏了解"两项的企业占比都超过40%,各有占比超过30%的企业反映"缺乏境外自我保护和维权能力""缺资金"是影响对外投资发展的自身因素。从自身存在的制约因素来看,只有在极少数企业中,战略不清才成为影响其对外投资发展的制约因素。人才、知识等软因素,是制约企业对外投资发展的最普遍、最重要原因,资金仍是制约小部分企业对外发展的原因。也有企业提到"产品和品牌在国际上的知名度和影响力低""对国外法律法规不熟悉"(表2-9)。

表2-9 企业"走出去"的自身制约因素

选项	小计(家)	比例
缺资金	40	30.08%
缺人才(缺少的人才类型:国际经营管理人才)	85	63.91%
缺人才(缺少的人才类型:专业技术人才)	54	40.6%
对东道国政策、投资环境、市场信息了解不够	58	43.61%
本土化经营能力不足	18	13.53%
缺乏境外自我保护和维权能力	41	30.83%
产品或服务缺乏竞争力	11	8.27%
存在盲目投资,缺乏长远战略	3	2.26%
其他	4	3.01%
(空)	8	6.02%

在影响企业“走出去”发展的障碍方面，专业服务因素排在首位，82 家企业反映存在此类问题(占比 60%以上)。58 家企业反映金融支持缺乏(44%)。外汇管制(33%)、出入境手续(27%)、相关企业在境外恶性竞争(20%)、对外投资涉及的领事保护(12%)、通关(11%)等，都是企业反映比较普遍的问题。此外，汇率风险也是一个对外投资企业面临的重要问题(表 2-10)。

表 2-10 影响企业“走出去”发展的国内因素

选项	小计(家)	比例
外汇管制严格	44	33.08%
金融支持不够	58	43.61%
避免境外投资恶性竞争的措施乏力	27	20.3%
法律服务、会计服务、投资服务、信息咨询、人才培训等各类专业服务体系尚不健全	82	61.65%
对企业境外投资保护、领事保护不及时不到位	16	12.03%
出入境手续烦琐、不便利	36	27.07%
海关通关不便利	15	11.28%
其他	5	3.76%
(空)	9	6.77%

受访企业对制约浙商“走出去”发展的诸多海外因素判断并不特别集中，有 52 家受访企业(占比 39%)认为“东道国汇率波动”是影响因素，是受关注度最高的选项。“国际地缘政治与冲突”有 33%的关注度(44 家企业)，东道国法律和歧视问题(36 家)关注度为 27%，此外，诸如“东道国基础设施落后”(31 家，占比 23%)、“东道国劳工政策或工会”(31 家，占比 23%)、双重征税(27 家，占比 20%)、“东道国市场秩序差”(21 家，占比 16%)、“无安全保障”(21 家，占比 16%)、“东道国文化和宗教”(18 家占比 13%)都是影响中国企业对外投资的海外因素(表 2-11)。

表 2-11 影响企业“走出去”发展的海外因素

选项	小计(家)	比例
国际地缘政策与冲突	44	33.08%
东道国法规、政策不完善或存在歧视	36	27.07%
东道国汇率波动	52	39.1%
双重征税	27	20.3%
东道国基础设施落后	31	23.31%
东道国市场秩序差	21	15.79%
东道国投资审批困难	20	15.04%
安全不能保障	21	15.79%
东道国劳工政策或工会影响	31	23.31%
东道国文化和宗教信仰影响	18	13.53%
其他	1	0.75%
(空)	21	15.79%

“走出去”企业与商务部门、商(协)会关系状况

在发达国家,商(协)会往往具有强大力量,是企业界自律自治组织,在完善的法律体系中,中资企业商(协)会能够为“走出去”企业提供很多服务。目前,中资企业商(协)会在各国的情况差别很大,对国有企业和民营企业的影响力、凝聚力、吸引力也有很大差别。受访企业中,大多数(96 家,占比 72%)都没有参与中资企业商(协)会,只有很少数参与中资企业商(协)会(21 家,占比 16%)(表 2-12)。

表 2-12 企业参与中资商(协)会情况

选项	小计(家)	比例
是	21	15.79%
否	96	72.18%
(空)	16	12.03%

关于政府对企业实施对外投资情况的掌握程度,受访 133 家“走出去”的企业中,有 77 家企业(58%)已经在商务部门备案,有 26 家企业(占比 20%)向中

国驻外使(领)馆报备,22 家企业(占比 16%)不知道报备之事,有 15 家(11%)没有去报备(表 2-13)。

表 2-13 “走出去”企业报备情况

选项	小计(家)	比例
已向国内商务部门报备	77	57.89%
已向中国驻外使(领)馆报备	26	19.55%
不知道需要报备	22	16.54%
知道但没有报备	15	11.28%
(空)	18	13.53%

“走出去”企业与驻外使(领)馆关系

总体来看,“走出去”的浙商与中国驻外使(领)馆的关系不算紧密。能够保持经常沟通的企业有 20 家(占比 15%),偶尔有来往的有 57 家(占比 43%),从不来往的有 37 家(占比 28%)(表 2-14)。

表 2-14 企业与中国使(领)馆联系状况

选项	小计(家)	比例
经常	20	15.04%
偶尔	57	42.86%
从未来往	37	27.82%
(空)	19	14.29%

当企业找到中国驻外使(领)馆时,使(领)馆不受理企业求助的情况极少,只有 4 家企业反映存在此种情况;85 家企业(占比 64%)否认它们受到过冷遇;44 家企业(33%)没有回应这项提问(表 2-15)。直接访谈浙商的情况,似乎反映受到中国驻外使(领)馆冷遇的更多,反映使(领)馆积极热情提供帮助的不是很多。

表 2-15 是否受到过中国驻外使(领)馆冷遇

选项	小计(家)	比例
是	4	3.01%
否	85	63.91%
(空)	44	33.08%

认为使(领)馆提供了很大帮助的企业有30家(占比23%),认为使(领)馆仅提供一般帮助的49家(占比37%),认为使(领)馆没有提供帮助的有12家(占比9%)(表2-16)。

表 2-16 对中国驻外使(领)馆作用的评价

选项	小计(家)	比例
帮助大	30	22.56%
帮助一般	49	36.84%
没有帮助	12	9.02%
(空)	42	31.58%

关于国际贸易摩擦

关于"走出去"企业是否遇到国际贸易摩擦,78家企业否认遭遇国际贸易摩擦(占比59%),33家企业承认遇到过国际贸易摩擦,其中17家企业遭遇知识产权纠纷,15家遭受反倾销调查,5家遭遇反补贴调查,9家遭索赔。(表2-17)

表 2-17 企业遭遇的国际贸易摩擦种类

选项	小计(家)	比例
企业遭遇反倾销	15	11.28%
反补贴	5	3.76%
特别保障措施	2	1.5%
知识产权纠纷	17	12.78%
索赔	9	6.77%

续 表

选项	小计(家)	比例
其他	5	3.76%
(空)	94	70.68%

关于企业应对国际贸易摩擦的举措,47 家浙商企业采取协商的办法(占比 35%),28 家企业采取应诉的办法(占比 21%),20 家企业选择起诉(占比 15%)(表 2-18)。这也许体现了中国文化中“和为贵”“和气生财”的传统,也是中国企业低成本优势和知识产权劣势的体现。

表 2-18 企业应对国际贸易摩擦的举措

选项	小计(家)	比例
起诉	20	15.04%
应诉	28	21.05%
协商	47	35.34%
仲裁	16	12.03%
不应对	0	0%
(空)	69	51.88%

“走出去”的浙商正在找到自己的联盟或者依靠力量。当遭遇国际贸易摩擦时,企业依靠的外部力量有哪些?45 家企业选择专业机构(34%),30 家企业依靠政府(22%),20 家企业选择依靠商会力量(15%),16 家企业选择联合共同运动(12%)(表 2-19)。

表 2-19 企业遇到国际贸易摩擦时主要依靠的外部力量

选项	小计(家)	比例
借助商会力量	20	15.04%
联合同行共同应对	16	12.03%
依靠政府	30	22.56%
借助专业机构	45	33.83%
(空)	71	53.38%

“走出去”企业参与“一带一路”状况

在地理上,丝绸之路经济带主要是陆上区域,包括国内部分和国外部分,国内部分的主体在中西部地区,国外部分主要在南亚、中亚、东欧,包括俄罗斯并延伸至西欧。11%(14家)的受访企业在该区域有投资项目或者对外承包工程,72%(96家)的没有在该区域进行对外直接投资或者从事对外工程承包,17%(23家)没有给出信息。

在地理上,21世纪海上丝绸之路范围,主要涉及国内东部沿海地带和东南亚、西亚、东非等。15%(20家)的受访企业在该区域有对外直接投资或者对外承包工程,68%(90家)的企业尚未在该区域进行对外直接投资或者对外承包工程。17%(23家)没有提供相关信息。

就这些已经“走出去”的受访企业情况来看,从区域分布上,“一带一路”在浙商对外投资和跨国经营中已经占有相当地位,同时也存在进一步提升的空间。

38%(51家)的企业表示未来三年内有意向在“一带一路”范围内进行投资,其中20%(27家)的企业表示未来三年的对外投资处于“丝绸之路经济带”,22%(29家)的企业表示未来三年会在“21世纪海上丝绸之路”范围内进行对外投资。50%(66家)的企业否认未来三年有在“一带一路”范围内开展对外直接投资或对外承包工程。

受访企业认为在“一带一路”范围内可以对外直接投资或者对外工程承包涉及的产业比较广泛,涉及最多的是制造业,有41%(54家)的受访企业认为会在制造业领域进行对外投资。19%(25家)的企业选择服务贸易,18%(24家)的企业选择高新技术产业,17%(23家)的企业选择商贸物流,11%(14家)的企业选择能源资源,选择投资于基础设施(6家)、农业(5家)、金融(3家)的企业都在5%以下(表2-20)。这既显示现有企业的产业分布,也体现了浙商对“一带一路”范围内企业发展前景的判断。

表2-20 “走出去”企业对“一带一路”范围投资行业领域的选择

选项	小计(家)	比例
基础设施	6	4.51%
能源资源	14	10.53%

续 表

选项	小计(家)	比例
商贸物流	23	17.29%
服务贸易	25	18.8%
制造业	54	40.6%
农业	5	3.76%
金融业	3	2.26%
高新技术产业	24	18.05%
其他产业	7	5.26%
(空)	37	27.82%

其他:C13;E47(2);F52;B10;C27;R86。

企业认为,在“一带一路”领域开展对外直接投资或对外承包工程的主要动因,按选择企业多少排序依次为拓展国际市场(72家,54%)、实现跨越式发展(31家,23%)、获取品牌技术人才等战略要素(28家,21%)、获得原材料等资源(25家,19%)、利用当地劳动力等要素降低成本(23家,17%),38%(51家)企业没有给出回答(表2-21)。

表2-21 企业认为在“一带一路”领域开展对外直接投资或对外承包工程的主要动因

选项	小计(家)	比例
拓展国际市场	72	54.14%
获取国外原材料等资源	25	18.8%
获取品牌、技术、人才等战略要素	28	21.05%
优势产能转移	19	14.29%
利用当地劳动力等要素降低产品成本	23	17.29%
企业实现跨越式发展	31	23.31%
其他	0	0%
(空)	51	38.35%

与企业“走出去”动因的一般选择比较,在“一带一路”范围内开展对外直接投资和跨国经营,拓展国际市场的作用大大降低(83%∶54%),获得品牌技术人

才等战略要素的作用大大降低（41％：21％），企业实现跨越式发展的作用大大降低（44％：23％），利用当地劳动力等要素降低成本的作用明显降低（22％：17％）。这说明，企业对在“一带一路”范围内对外直接投资和跨国经营的战略重要性，认同程度低于一般水平。就企业扩大市场、提升实力的追求来看，企业界可能认为在“一带一路”范围内发展跨国经营是缺乏吸引力的。这可能与“一带一路”范围内以发展中国家居多，社会经济发展水平并不比浙江有优势相关。

二、“走出去”企业对国家战略和政策的评价

浙商率先走出国门闯世界的做法，一开始属于个人或者企业行为，国家战略和各级政府还没来得及顾及这些。近年来，随着中国公民和企业也包括民营企业大量的海外经营实践，也由于中国经济规模和实力的不断增强，鼓励和促进民营企业“走出去”，已经成为国家整体战略的重要组成部分。“21世纪丝绸之路经济带”“海上丝绸之路”的战略谋划（“一带一路”），正在把中国企业推向更广阔的世界舞台。新一代领导人谋划的鸿篇巨制离不开大量民营企业的积极参与、广泛参与，一个有大量中国民营企业参与其中并且迸发活力的“一带一路”战略，才能是真正成功的、完善的国家战略。

在“一带一路”国家战略框架中，中央政府和地方政府都设计了相应的政策，并安排了相应的扶持资金乃至配套投资。取消大量行政审批环节，也在支持民营企业海外投资方面有很多具体落实。这些政策措施的实施，无疑是在朝向促进企业发展的方向前进。从企业方面看，一系列的政策措施是否落实到位，政策效果如何，还存在哪些需要进一步改进完善的问题，企业和企业家们有什么建议和意见，这些都关系“一带一路”战略和民营企业的未来。

有关政策知晓度

1.国家近年来放松了对外直接投资相关政策，“除涉及敏感国家和地区、敏感行业的项目，地方企业投资3亿美元及以上项目由国务院投资主管部门备案；3亿美元以下的境外投资项目由省级政府投资主管部门备案”。根据调研情况，受访133家企业中有90家了解这一政策，该项措施的知晓度为68％，仍有33家（25％）的企业不了解这一政策。

2.“中方投资额 10 亿美元及以上的境外投资项目,由国家发展改革委核准”,受访 133 家企业中有 86 家企业了解该政策(知晓度 65%),仍有 36 家企业不了解该政策,占比 27%。

3.“商务部和省级商务主管部门,对企业境外投资涉及敏感国家和地区、敏感行业的实行核准管理,其他情形的实行备案管理。”受访 133 家企业有 90 家了解该政策,政策知晓度 68%;仍有 30 家企业不了解该政策(23%)。

4.“取消境内机构向境外外汇出境外投资前期费用核准;取消境外放款专用账户资金汇出核准;取消上述业务的异地购汇及对外支付限制”。受访 133 家企业中 81 家了解该政策,政策知晓度 61%;有 38 家企业表示不了解该政策(29%)。

5.“中国政府与有关国家签订的避免双重征税和防止偷漏税的协定”,受访 133 家企业中有 86 家企业了解该政策,知晓度 65%;仍有 34 家企业表示不了解该政策(26%)。

6.“中国政府与有关国家和地区签订《自由贸易协定》下实施的协定税率”,受访 133 家企业中 87 家了解该政策,知晓度 65%;仍有 34 家企业不了解该政策(26%)。

政策满意度评价

1.境外投资管理政策

关于受访 133 家企业对境外投资项目核准备案等投资管理政策的评价,33 家企业表示满意(占比 25%),67 家企业表示基本满意(占比 50%),6 家企业表示不满意,27 家企业没有表达意见。此项政策及其实施过程仍有改进和进一步完善的空间(表 2-22)。

表 2-22 企业对境外投资项目管理政策的评价

选项	小计(家)	比例
满意	33	24.81%
基本满意	67	50.38%
不满意	6	4.51%
(空)	27	20.3%

2.“走出去”企业对外汇政策的评价

“走出去”企业对购付汇政策满意度最高(32%),对境外放款、跨境担保外汇管理政策满意度都在28%,对三项政策基本满意的占比都略微超过50%,仍有少数企业表示不满意,没有表达意见的企业仍占一定比例。这些外汇政策仍值得改进和进一步完善(表2-23)。

表2-23 “走出去”企业对外汇政策评价

选项	满意	基本满意	不满意	(空)
购付汇	43(32.33%)	69(51.88%)	3(2.26%)	18(13.53%)
境外放款	37(27.82%)	69(51.88%)	6(4.51%)	21(15.79%)
跨境担保外汇管理	37(27.82%)	67(50.38%)	7(5.26%)	22(16.54%)

3.“走出去”企业对金融政策的评价

企业“走出去”涉及的金融政策具体分解为五类情况:“商业银行境外投资贷款”“政策性银行境外投资贷款”“境外发债”“境外上市”“涉外股权投资基金”。对金融政策各项的评价满意度比较接近,都在21%—25%的水平上,基本满意评价都略强于50%。不满意和未表达意见的企业占比在25%上下,显示这些政策仍有改进空间(表2-24)。

表2-24 “走出去”企业对金融政策评价

选项	满意	基本满意	不满意	(空)
商业银行境外投资贷款	31(23.31%)	71(53.38%)	8(6.02%)	23(17.29%)
政策性银行境外投资贷款	34(25.56%)	70(52.63%)	6(4.51%)	23(17.29%)
境外发行债券	28(21.05%)	69(51.88%)	6(4.51%)	30(22.56%)
境外资本市场上市	28(21.05%)	70(52.63%)	6(4.51%)	29(21.8%)
涉外股权投资基金	28(21.05%)	69(51.88%)	6(4.51%)	30(22.56%)

4.“走出去”企业对保险政策与服务的评价

相关保险政策和服务包括以下三项:“出口信用保险”“海外投资保险”“跨境

人民币结算再保险”。“走出去”企业对出口信用保险满意度最高(37%),对海外投资保险、跨境人民币结算再保险的满意度在25%上下;对这些政策表示基本满意的企业占比都在50%的水平或略低一点,不满意和未表达意见的企业占比在15%—25%或略高的水平(表2-25)。

表2-25 “走出去”企业对保险政策和服务的评价

选项	满意	基本满意	不满意	(空)
出口信用保险	49(36.84%)	63(47.37%)	3(2.26%)	18(13.53%)
海外投资保险	35(26.32%)	66(49.62%)	4(3.01%)	28(21.05%)
跨境人民币结算再保险	33(24.81%)	67(50.38%)	5(3.76%)	28(21.05%)

5.财政税收政策与服务评价

65%(87家)的受访企业了解“经贸发展专项资金”,23%(30家)表示不了解此项政策;40%(53家)的受访企业曾经获得该项支持,略多一点的受访企业(41%,55家)没有获得过此项资金支持。26%的受访企业对“经贸发展专项资金”政策表示满意,40%的受访企业表示基本满意,不满意和未表达意见的企业占比35%(表2-26)。

表2-26 “走出去”企业对经贸发展专项资金评价

选项	小计(家)	比例
满意	34	25.56%
基本满意	53	39.85%
不满意	4	3.01%
(空)	42	31.58%

21%(28家)的受访企业享受过“境外投资贷款贴息”政策,53%(71家)的企业未享受过该政策,26%的受访企业没有表达意见。该政策评价的满意度为23%,39%的受访企业表示基本满意,不满意和未表达意见的占38%(表2-27)。

表 2-27 “走出去”企业对境外投资贷款贴息政策评价

选项	小计(家)	比例
满意	30	22.56%
基本满意	52	39.1%
不满意	3	2.26%
(空)	48	36.09%

20%的受访企业享受过“境外所得税抵免”政策,47%的受访企业表示没有享受过此项政策,32%的企业未表达意见。对此项政策表示满意的企业占比18%(24家),42%(56家)的受访企业表示基本满意,不满意和未表达意见的企业占比40%(53家)(表2-28)。

表 2-28 “走出去”企业对境外所得税抵免政策评价

选项	小计(家)	比例
满意	24	18.05%
基本满意	56	42.11%
不满意	3	2.26%
(空)	50	37.59%

29%的受访企业(39家)表示享受过“境外投资出口退免税”政策,39%的企业表示没有享受过该政策,32%的受访企业没有表达意见。23%(31家)的企业对该项政策表示满意,36%的受访企业(48家)对此项政策表示基本满意,近40%的受访企业(51家)没有表达意见(表2-29)。

表 2-29 “走出去”企业对境外投资出口退免税政策评价

选项	小计(家)	比例
满意	31	23.31%
基本满意	48	36.09%
不满意	3	2.26%
(空)	51	38.35%

16%(21家)的受访企业享受过“部分境外投资项目免征营业税”政策,49%(65家)的受访企业没有享受过该项政策。17%(23家)的受访企业对此项政策表示满意,38%(51家)的企业表示基本满意,未回答和不满意的企业占比近45%(表2-30)。

表2-30 “走出去”企业对部分境外投资项目免征营业税政策评价

选项	小计(家)	比例
满意	23	17.29%
基本满意	51	38.35%
不满意	4	3.01%
(空)	55	41.35%

6.海关、质检政策与服务

海关“单独设立‘对外投资’的贸易方式和监管方式”。32%(43家)的受访企业对此表示满意,44%的企业对此表示基本满意(表2-31)。

表2-31 “走出去”企业对单独设立“对外投资”贸易方式和监管方式的评价

选项	小计(家)	比例
满意	43	32.33%
基本满意	59	44.36%
不满意	1	0.75%
(空)	30	22.56%

“一次申报、一次查验、一次放行”、减少出口商检商品种类等通关便利化制度。“一次申报、一次查验、一次放行”,大大减少了通关工作量,方便企业的同时也减轻了海关工作量,有利于提高通关服务质量。44%(58家)的企业对此表示满意,36%的企业表示基本满意。仍有20%的受访企业没有给出意见或表示不满意,显示政策的具体实施和相应服务工作可能还存在技术性改进和完善空间(表2-32)。

表 2-32 "走出去"企业对通关便利化政策的评价

选项	小计(家)	比例
满意	58	43.61%
基本满意	48	36.09%
不满意	2	1.5%
(空)	25	18.8%

在检验检疫监管方面,38%(50家)的受访企业对相关检验检疫监管政策表示满意,39%(52家)的受访企业对此表示基本满意(表2-33)。

表 2-33 "走出去"企业对相应检验检疫监管政策的评价

选项	小计(家)	比例
满意	50	37.59%
基本满意	52	39.1%
不满意	1	0.75%
(空)	30	22.56%

7.外事政策及服务

48%(64家)的企业对办理出国(境)护照的相关政策表示满意,35%(46家)的企业表示基本满意(表2-34)。

表 2-34 "走出去"企业对办理出国(境)护照的评价

选项	小计(家)	比例
满意	64	48.12%
基本满意	46	34.59%
不满意	4	3.01%
(空)	19	14.29%

关于"APEC商务旅行卡"。35%(47家)的受访企业已经办理了"APEC商务旅行卡",17%(23家)的企业准备办理"APEC商务旅行卡",31%(41家)的企业没有办理过"APEC商务旅行卡"。34%(45家)的企业认为"APEC商务旅行

卡”在企业“走出去”过程中“很有帮助”，25％（33 家）的企业认为“有些帮助”，22％（29 家）的企业不了解此事（表 2-35）。

表 2-35 “走出去”企业对“APEC 商务旅行卡”的评价

选项	小计(家)	比例
很有帮助	45	33.83%
有些帮助	33	24.81%
没有帮助	2	1.5%
不了解	29	21.8%
(空)	24	18.05%

在驻外使（领）馆服务方面，30％（40 家）的受访企业对驻外使（领）馆服务表示满意，47％（63 家）的企业对此表示基本满意，没有表达意见和不满意的占比 23％（30 家）（表 2-36）。

表 2-36 “走出去”企业对中国驻外使(领)馆服务的评价

选项	小计(家)	比例
满意	40	30.08%
基本满意	63	47.37%
不满意	5	3.76%
(空)	25	18.8%

三、“走出去”企业的需求和建议

在调研中发现，“走出去”企业对涉外人才、技能、知识等的需求相对集中而迫切，受访企业普遍表达了希望工商联及商会组织在培训方面有所作为，并且希望工商联商会等在搭建平台、促进企业间沟通交流、提供相关服务等方面提供服务。

关于培训

关于培训内容，85％的（113 家）企业选择“境外政策走向、法律法规、市场规则等”，70％的（93 家）企业选择“境外获得领事服务与保护、风险防范处置等”，

65%的(86家)企业选择“跨文化交流、海外员工管理、本土化经营等”,65%的(87家)企业选择“组织‘走出去’企业间的经验交流”。在这次调研中,全部受访企业在该问题上的回应上表现得最普遍、最积极、最迫切。这也充分印证了知识能力等“软”的方面对当前企业“走出去”、参与“一带一路”战略形成了最严重、最普遍的制约。企业的需求是我们未来努力的方向(表2-37)。

表2-37 “走出去”企业对培训内容的需求

选项	小计(家)	比例
境外政策走向、法律法规、市场规则等方面的培训	113	84.96%
境外获得领事服务与保护、风险防范处置等方面的培训	93	69.92%
跨文化交流、海外员工管理、本土化经营等方面的培训	86	64.66%
组织“走出去”企业间的经验交流	87	65.41%
(空)	7	5.26%

关于企业接受培训的对象,83%(111家)的企业认为应是“高级管理人员”,68%(90家)的企业认为应是关键的少数,即“企业家”,56%(75家)的企业认为受培训对象应该是“专业技术人员”(表2-38)。

表2-38 “走出去”企业关于培训对象的选择

选项	小计(家)	比例
企业家	90	67.67%
高级管理人员	111	83.46%
专业技术人才	75	56.39%
(空)	7	5.26%

关于培训方式,70%(93家)的企业选择“短期专题培训”,59%(78家)的企业选择“研讨交流”,58%(77家)的企业选择“参观考察”,44%(58家)的企业选择“业务会议”,27%(36家)的企业选择“长期综合性培训”(表2-39)。

表 2-39　“走出去”企业对培训方式的选择

选项	小计(家)	比例
业务会议	58	43.61%
短期专题培训	93	69.92%
长期综合性培训	36	27.07%
研讨交流	78	58.65%
参观考察	77	57.89%
(空)	9	6.77%

关于服务内容

1. 搭建平台

搭建平台是“走出去”企业非常需要但仅凭单个企业自身努力难以做到的，企业非常希望社会上能有提供此种服务的机构。80%(106 家)的企业选择“建立信息服务、金融服务、法律服务、中介服务等服务平台”，67%(89 家)的企业选择“建立工商联商会与政府部门、外交机构以及国外各类商会组织的沟通协调机制”，62%(83 家)的企业选择“建立跨国经营人才、专业技术人才数据库”，41%(54 家)的企业选择“组建境外中资企业商(协)会”(表 2-40)。

表 2-40　“走出去”企业所需要的服务平台

选项	小计(家)	比例
建立信息服务、金融服务、法律服务、中介服务等服务平台	106	79.7%
建立工商联商会与政府部门、外交机构以及国外各类商会组织的沟通协调机制	89	66.92%
建立跨国经营人才、专业技术人才数据库	83	62.41%
组建境外中资商(协)会	54	40.6%
(空)	10	7.52%

2.营造环境

69%(92家)的企业希望工商联和商会"开展民间外交,加强与境外商会间的交流与合作",55%(73家)的企业希望工商联和商会组织"开展对政策的第三方独立评估,提供改进政策的意见建议",52%(69家)的企业表示工商联和商会应该"宣传典型"(表2-41)。

表2-41 "走出去"企业希望工商联、商会在营造环境方面的作为

选项	小计(家)	比例
开展民间外交,加强与境外商会间的交流与合作	92	69.17%
开展对政策的第三方独立评估,提供改进政策的意见建议	73	54.89%
加强对"走出去"典型企业的宣传力度	69	51.88%
(空)	11	8.27%

3.鼓励引导

63%(84家)的企业希望工商联和商会在"引导企业参与国家'一带一路'建设"方面有所作为,62%(82家)的企业希望工商联和商会"引导企业在境外守法诚信经营履行社会责任",53%(70家)的企业希望工商联和商会"发挥企业'民间大使'作用,讲好中国故事"(表2-42)。

表2-42 "走出去"企业对工商联、商会的希望

选项	小计(家)	比例
引导企业参与国家"一带一路"建设	84	63.16%
引导企业在境外守法诚信经营,履行社会责任	82	61.65%
发挥企业"民间大使"作用,讲好中国故事	70	52.63%
(空)	16	12.03%

4.“抱团”是浙商的特色，“走出去”也要抱团“出海”

受访企业中，63%(84 家)的企业表示希望工商联和商会“推动境外经贸合作区建设，促进‘走出去’企业集群发展”，63%(84 家)的企业表示工商联和商会应当“组织有意愿的产业链上下游企业，抱团向境外全产业链输出”，43%(57 家)的企业表示希望工商联和商会在“加强与国有企业合作，相得益彰，同舟‘走出去’”方面发挥作用，38%的企业表示希望工商联和商会“推进行业信用建设工作，完善行业自律”(表 2-43)。

表 2-43 “走出去”企业关于抱团出海的要求

选项	小计(家)	比例
推动境外经贸合作区建设，促进“走出去”企业集群发展	84	63.16%
组织有意愿的产业链上下游企业，抱团向境外全产业链输出	84	63.16%
推进行业信用建设工作，完善行业自律体系	51	38.35%
加强与国有企业合作，相得益彰，同舟“走出去”	57	42.86%
(空)	12	9.02%

“走出去”企业的建议和意见

1. 政府搭台创造更多的让国外厂家了解中国企业的机会，通过政府的平台及渠道加强国内企业在海外市场的宣传，包括“请进来”和“走出去”；政府在政策上做扶植，在中国“走出去”建设、投资项目中增加国产化产品比例。

2. 企业“走出去”的形式不仅仅在于境外投资，品牌扩展和销售网络的全球延伸都应该是企业实现“走出去”，在全球范围内建立影响力和实现发展的重要形式，对于企业“走出去”过程中遇到的困难和对政策、环境不熟悉的困惑，希望有关部门能够建立咨询平台和提供具体服务的窗口，帮助好的扶持政策落地，让更多受益的企业取得更快更好的发展，为中国企业在国际舞台上扮演更重要的角色提供助力。

3. 客观上存在国有企业与民营企业的差别待遇问题,与国字头企业相比,民营企业更需要得到国家有关部门的协调、指导和支持,以便“走得好”“走得赢”。民营企业迫切希望在政府牵头下开展“走出去”经验交流会,听取外事部门关于外事服务、资源共享、政策指导、安全保护的培训与介绍,与同类企业互通有无、分享经验,以新的机遇、新的发展,协力向世界展示“中国制造”的实力与风采。

4. 税收、外汇、融资等政策性支持,民企“走出去”涉及的财产和人身安全保障,都要被企业自身统筹考虑,建议设立行之有效的服务中心。希望政府全面做好民营企业境外投资的服务保障,加强风险防范,保障境外人员和资产安全。

5. 关于国内银行贷款、国外投资以及客观存在的国内外利息差等问题,政府应制定扶持政策,为企业降低投资风险,中资金融机构应针对国内“走出去”企业提供国内外融资的便利及统一授信支持。

6. 希望驻外使馆在海外项目投资上,给予民营企业同等竞争待遇,支持民营企业海外投标、投资等。

7. 政府进行专业培训,使企业可以更加熟悉相关内容;颁布实质性政策,鼓励、引导企业“走出去”。政府对企业的“无为而治”是基本道理,企业如何经营如何发展由“市场”说了算。政府要做好信息平台,多组织“走出去”政策培训及宣传。

8. 不少企业希望政府能够加大对企业“走出去”补助资金的支持,对于“走出去”给予专项资金补助,融资支持,减轻信保取费等。

“走出去”企业反映的这些问题,有些属于普遍存在的一般性问题,需要改革进一步深化,进一步完善市场经济体制来解决;有些属于“走出去”企业面临的自身不能解决的问题,这些需要政府机构、工商联和商会组织等积极发挥作用来解决;“走出去”企业的有些需求属于社会服务型的,这需要社会服务不断增进其便利化程度;有些关于财税资金方面的要求,从完善市场经济和更长远眼光来看,可能是不合理的。

四、商会服务民营企业“走出去”情况

在促进民营企业“走出去”发展过程中,政府和企业都对工商联和商会组织发挥作用寄予厚望,工商联和商会组织本身是如何发挥作用的?根据对33家基层工商联(县级)和商会组织的问卷调研和走访,结果显示工商联和商会组织对

自身的定位是准确的，对自身该发挥什么作用、如何发挥作用的认识也是基本准确。少数基层工商联和商会组织还做过多种尝试、创新和探索，也获得了一些经验和成功案例。比较普遍的问题是，基层工商联和大多数商会，都缺乏相应的能力和实力去承担它们本该承担也愿意承担的责任，出现角色定位与能力脱节的情况。

角色定位和服务方式

1.关于商会在服务会员企业“走出去”方面的工作定位

根据商会对自身工作定位的判断，依认同程度高低，依次为“凝聚会员企业，加强互利合作，共同‘走出去’的纽带”“加强与境外商(协)会交流合作的主要渠道”“本行业、本领域‘走出去’加强行业自律、制定标准规范的组织者”“为企业提供国际化人才培训、中介机构推荐、组织投资商贸活动等综合服务平台”“企业开展境外法律维权的重要途径”“企业防范海外经营风险的依托”(表 2-44)。

表 2-44 商会在服务会员企业“走出去”工作的定位

选项	小计(家)	比例
凝聚会员企业，加强互利合作，共同“走出去”的纽带	31	93.94%
本行业、本领域“走出去”加强行业自律、制定标准规范的组织者	20	60.61%
企业防范海外经营风险的依托	7	21.21%
企业开展境外法律维权的重要途径	8	24.24%
为企业提供国际化人才培训、中介机构推荐、组织投资商贸活动等综合服务的平台	20	60.61%
加强与境外商(协)会交流合作的主要渠道	23	69.7%

2.服务会员企业“走出去”的主要方式

依比例高低依次为“宣传政策、交流经验”“加强与境外商(协)会的联系交流”“组织境外投资环境考察和参加商务活动”“提供融资、信息、法律服务”“定期举办行业性专题培训或相关活动”“提供外事便利化服务”(表 2-45)。这些方式排序基本对应着工作技能要求从低到高、工作复杂性由低到高的次序。同时，这标志着中国民营企业“走出去”还处于起步阶段，政府引导等外部力量推动仍然是重要力量，企业自身发展尚未居于“走出去”的主导和主流力量。

表 2-45 服务会员企业“走出去”的主要方式

选项	小计(家)	比例
宣传政策、交流经验	24	72.73%
定期举办行业性专题培训或相关活动	10	30.3%
组织境外投资环境考察和参加商务活动	19	57.58%
提供外事便利化服务	9	27.27%
加强与境外商(协)会的联系交流	23	69.7%
提供融资、信息、法律等方面的服务	14	42.42%
(空)	1	3.03%

现存问题和经费

1.服务民营企业“走出去”中存在的主要问题

基层工商联和商会反映“缺乏服务平台”和“专职工作人员短缺，专业性不强”“对国外情况不明”“缺乏与政府部门、使(领)馆沟通渠道”所占比例很高，“具体服务手段少”的情况普遍存在，“经费短缺”占比在四成以下(表 2-46)。

表 2-46 服务民营企业“走出去”中存在的主要问题

选项	小计(家)	比例
缺乏服务平台	23	69.7%
可提供的融资、信息、法律、风险防范等具体服务手段较少	20	60.61%
对国外情况不明(包括对境外投资环境、政策不清楚)	22	66.67%
专职工作人员短缺，专业性不强	23	69.7%
经费短缺	13	39.39%
缺乏与政府部门、使(领)馆有效沟通渠道	22	66.67%

2. 基层工商联和商会开展服务“走出去”工作的经费来源

在推动和服务企业“走出去”工作涉及相应的经费投入问题。从基层工商联和商会的经费来源看，商会会费收入是最普遍的来源，70％的基层工商联组织和商会都用会费来支持这项工作。有过半数的基层工商联组织和商会用合作项目经费来支持此项工作。近半数基层工商联组织和商会用其他经费和会员企业捐赠支持此项工作(表 2-47)。

表 2-47　基层工商联和商会服务“走出去”工作经费来源

选项	小计(家)	比例
会员企业捐赠	15	45.45%
商会会费	23	69.7%
合作项目经费	17	51.52%
其他经费	16	48.48%

商会对民营企业“走出去”建议和意见

1. 商会认为制约民营企业“走出去”的主要因素

依比例高低依次为“缺乏海外经营管理人才”“企业海外战略规划的模糊与盲目”“企业核心竞争力难以满足国际化经营需要”“国际政治经济局势影响”“资金缺乏”“国内政策环境制约”和“境外投资环境不佳”“企业经营管理不善”。这种判断与企业自身判断基本一致，他们之间的差别有二：一是商会认识到企业“走出去”过程中海外战略不清的问题，企业自身认识程度不高；二是关于企业自身核心竞争力不足的问题，企业可能认识不够。中国经济高速成长的历史经验，促生了大多数民营企业思维定式中潜藏着的积极进取、忽视风险的心理，企业家们可能更倾向于跳一下能抓住机会上一个台阶的模式。商会作为旁观者和群体组织可能更关注会员企业的稳妥发展(表 2-48)。

表 2-48 商会角度认为制约民营企业“走出去”的主要因素

选项	小计(家)	比例
国际政治经济局势影响	20	60.61%
企业海外战略规划的模糊与盲目	24	72.73%
企业经营管理不善	3	9.09%
国内政策环境制约	9	27.27%
境外投资环境不佳	9	27.27%
缺乏海外经营管理人才	27	81.82%
资金缺乏	17	51.52%
企业核心竞争力难以满足国际化经营需要	23	69.7%

2.基层工商联和商会关于推动民营企业“走出去”工作的建议

基层工商联和商会组织普遍公认应该“建立信息服务、金融服务、法律服务、中介服务等服务平台”,“开展‘走出去’战略规划、投资环境、政策法规、海外经营等方面的培训”,“加强‘走出去’企业间的经验交流”,“推动境外经贸合作区建设、促进‘走出去’企业集群发展”,“积极开展民间外交,加强与境外商(协)会合作交流”,引导产业链上下游及关联度高的企业抱团“出海”(表 2-49)。

表 2-49 对商会推动民营企业“走出去”的建议

选项	小计(家)	比例
建立信息服务、金融服务、法律服务、中介服务等服务平台	29	87.88%
开展“走出去”战略规划、投资环境、政策法规、海外经营等方面的培训	25	75.76%
加强“走出去”企业间的经验交流	24	72.73%
引导产业链上下游及关联度高的企业抱团“出海”	20	60.61%
推动境外经贸合作区建设,促进“走出去”企业集群发展	23	69.7%
积极开展民间外交,加强与境外商(协)会合作交流	22	66.67%

基层工商联组织和商会的这些建议，都是很有针对性的建议，与“走出去”企业的需求高度吻合，能够代表浙商“走出去”的发展状况。

3.其他意见建议及补充说明

建议市及省、国家工商联在调研基础上，牵头引寻企业走出去发展规划，在经济形势低迷的情况下寻求更大发展，主要还是在与中国关系较好的发展中国家发展风险较小的农业、制造业等，拓展远洋渔业、加工、贸易等。

希望政府出台支持协会平台建设，进一步促进协会和国外行业协会的合作，在资金上多资助协会，为企业搭建平台。建议省市有关部门能成立专门服务、协调部门，希望能给予商会一定的工作经费，开展针对东道国的国别投资专题讲解和辅导。

目前，商会不具备服务企业走出去的基础条件，需要政府相关行业管理部门提供具体的投资，建设操作性强、可把控风险的项目，来吸引企业积极参与。国家强有力的引导和支持，对克服国外人生地不熟、不了解政策环境等困难至关重要。很多对外投资失败和资金亏损教训，都是不了解情况导致的。

杭派女装商会提出，其会员以服装生产、经营企业为主体，不少会员企业已经形成一定的品牌实力。近年来会员企业尤其是上规模的品牌企业对“走出去”既有需求也存在困难。目前商会和会员希望政府在引导、辅助企业拓展海外市场(不是仅仅做外贸出口，而是品牌走出去)方面，能提供实质性的支持和帮助，比如组织在国际时装周走秀、商贸洽谈、海外代理合作等活动，关键是要有具体举措及资金扶持。

五、服务浙商“走出去”和“一带一路”战略有关政策措施

近年来，政府推动促进民营企业“走出去”和“一带一路”战略不断深化，已经形成了很多政策措施。中华全国工商业联合会、金融机构、许多商会组织等也都有相应举措，来支持促进企业对外投资、发展跨国经营。具体来看，促进浙商海外发展的组织、政策、举措包括几个类别：

政府政策方面

在组织方面，浙江省政府成立“走出去”工作领导小组，由省商务厅牵头，综

合协调省级有关部门支持企业"走出去"政策落地和重要工作平台建设。

财政支持方面,浙江省财政从2002年开始就设立"走出去"战略专项资金,2014年为6000万元,对各市企业"走出去"给予支持,各市县财政部门根据当地企业"走出去"设立专项资金,对民营企业赴境外建设营销网络、建立工业园区、投资咨询费用、产品专利费用等给予补贴。

出入境便利化方面,浙江省外事办、浙江省侨办都积极为民营企业"走出去"提供便利,在全国率先试点民营企业持因公护照出国(境)业务,积极为在外浙江同胞提供领事保护。

浙江省税务局着力打造"三个一"税收服务体系,即打造一个税收服务品牌,完善一个"走出去"浙商涉税诉求响应机制,建立一个部门工作协调机制,为浙江省民营企业"走出去"发展提供优质税收服务。

浙江省发改委和浙江省商务厅,依规率先改对外投资审批制为备案制。

浙江省外汇管理局还大幅度放宽企业境外直接投资前期费用额度,并率先在全国试点跨国公司外汇资金集中运营管理。

金融方面

政策性金融支持。以国家开发银行、中国进出口银行和中国出口信用保险公司为代表的政策性银行和保险机构,积极为浙江省民营企业"走出去"提供融资和保险支撑。

经省政府批准,2014年中国进出口银行浙江省分行、中国信用保险公司浙江省分公司与省商务厅、省财政厅共同设立"走出去"融资与担保平台,安排不低于10亿元人民币的资金专项支持中小民营企业"走出去"。

金融保险机构主动与省商务厅、省发改委、省工商联等有关部门建立长效合作机制,对计划"走出去"的企业和项目进行跟踪指导,向其提供信贷、融资租赁、结算、财务顾问、"走出去"法律咨询等全方位综合服务,培育和孵化浙江本土企业成为跨国公司。

各类金融服务机构围绕服务民营企业"走出去"进行开展工作,积极助力民营企业"走出去"。

工商联和商会

各级工商联、商会组织发挥民间性优势,推动企业"走出去"。浙江省各级工商联和商会，积极发挥前台作用，举办“世界浙商大会”、“携手浙商——丝绸之路行”、组织会员企业境外考察、组织政府机构进行政策宣讲、组织金融机构与会员企业的沟通联系、组织企业间交流等系列活动。一些工商联和商会团体努力协调驻外使(领)馆及外国驻华使(领)馆为“走出去”企业提供帮助，浙江省工商联建立了“浙商与外国驻沪总领事馆官员交流平台”，组织民营企业赴境外开展商务考察和项目对接，加强与境外工商社团信息交流。工商联组织还用组建商会的办法促进同行业内企业抱团“走出去”发展，牵头成立了阿联酋湖州商会、迪拜温岭商会、柬埔寨宁波商会、印度浙江商会(筹)等，加强境外企业经验交流和互助合作。各类商会协会发挥抱团维权作用，如温州鞋业商会组织当地鞋业产业抱团“走出去”，温州眼镜商会在境外设立境外投资风险预警点等创新做法。

六、“走出去”企业的经历和建议

“走出去”需要能力、实力、财力等，而“走出去”所需要许多条件，特别是“走出去”需要的能力，只能在“走出去”过程中学习，“走出去”过程本身就是最好的学习途径。“走出去”企业的经历，对广大企业和企业家都是宝贵的财富。

经历与感悟

企业对外投资需要的高级管理人员，既要熟悉当地法律政策，又要懂得财务等管理技能，还要通晓当地语言。企业内部目前的管理与技术人员的国际化视野、外语能力还不足以充分支持海外迅速扩张需要，在吸引、培养、留住国际化人才方面缺乏经验，在管理模式、文化兼容等方面也需要更多经验，需要管理创新。即使那些开展境外投资多年，跨国经营发展不错的企业，也很难找到既能熟练掌握当地语言，又通晓国际法和国际商业惯例的人才。在大多数情况下，人才缺乏问题，恐怕只能在“走出去”的过程中自己慢慢解决。几乎所有的公司都反映，国际经营人才缺乏，是企业进行对外投资和跨国经营公司一开始就面临、长期持续存在、尚未找到解决途径的关键难题，也是制约浙商国际化的最突出问题。

东道国法律法规、投资环境、文化风俗、风土人情，是制约企业对外投资和跨国经营发展的又一关键因素。多年前率先走出去的企业，在此方面教训深刻。康奈集团很早就在十多个国家开出200多家皮鞋专卖店，都由于在品牌保护、知识产权保护方面的认识不足,没有及时在这些国家申报自己的产品专利,当地同行企业利用机会,恶意注册了与康奈皮鞋鞋底花纹图样类似的专利,并据此对康奈集团提起侵权诉讼,招致康奈皮鞋店被查封,损失惨重。在"走出去"发展两三年之后又被迫撤回。奥康集团曾经在2008年就率先进入印度市场开设皮鞋专卖店,被当地职业经理人利用了法律上的漏洞,被迫忍气吞声损失几千万元,并退出印度市场。杭州市紧固件行业商会反映,有会员企业在境外,被当地不法企业利用当地法律漏洞骗取货物,提取货物后迅速撤销原有公司,导致中方企业无法追诉,损失惨重。类似情况在多个国家出现,因对当地繁杂法律体系不熟悉造成的盲目投资血本无归的情况,屡见不鲜。

在企业座谈、走访中,资金缺乏仍然是"走出去"企业反映的常态性的话题。如湖州大港集团进出口有限公司反映,公司虽然在非洲尼日利亚发展了16年,而且已经获得投资当地金矿项目,项目前景潜力很大,但由于受到资金制约,企业不能很快做大。台州的西诺控股集团有限公司在座谈中反映,企业在非洲投资购买了当地的铜矿、森林等之后需要继续投资,但是资金后继乏力,迫切希望国家能够在金融方面给予大力支持,确保项目的持续开发有可靠的资金保障。虽然"走出去"企业也提到缺乏资金的问题,但其重要程度远远低于国内企业的资金短缺问题。

发展跨国经营需要的支持条件、国内环境,还有待提高。相关服务体系,如"走出去"相关的法律、会计、投资、信息咨询、人才培训等各类专业服务,严重不健全。目前,只有中国出口信用保险公司专业从事境外投资相关信息咨询、风险评估等服务,其他中介机构普遍缺乏境外调查、法律审查、资产评估等方面的经验和能力,所提供的信息咨询、风险评估和风险控制等服务,在信息完整性、方案可行性上都远不能满足企业需求。境外同类机构如美国、香港等地专业服务机构收费高昂,沟通联系不便,服务效果不可控,往往超出中小企业承受能力。桐乡有企业反映近年曾经考察过泰国、菲律宾等地一些有兴趣的项目,都因此而搁置至今,难以做出投资决策。

金融服务滞后。浙江久立集团股份有限公司行业规模已经达到全球第四,在阿联酋的迪拜,德国,美国都设有办事处,企业目前希望能够在美国扩大投资开展并购项目,但是难以解决融资问题,希望能享受国有企业一样的融资便利。有企业提出,国内大的国有控股商业银行海外业务网点少,对境外投资贷款业务生疏，建议成立类似美国海外私人投资公司(Overseas Private Investment Corporation, OPIC)、日本国际协办银行等类似机构，承担为企业海外投资提供融资担保的政策性金融服务，中资金融机构应当通过扩大业务范围和业务领域，逐步开展针对中资企业的“内保外贷”“外保内贷”或“外保外贷”。

东道国的外汇管制问题。多家企业反映，对外投资所赚取的外汇，汇入国内时遭遇麻烦，甚至根本无法汇入国内。浙江永达实业公司反映，安哥拉外汇管制严格，赚到的利润难以回到国内。浙江苏嘉医疗器械有限公司反映，埃塞俄比亚缺乏美元，企业想埃方投资500万元的机器设备，需要占用1000万元资金，其中500万元是换成美元再从埃方支付给自己。有企业反映，目前没有自然人直接对外投资这一方式，试图通过联合各地浙商“聚少成多”开辟对外投资新渠道的设想，难以落实。嘉兴舒福德电动床有限公司反映，国内外汇管制存在不合理环节，影响利润回流国内。

使(领)馆服务民营企业的意识仍有待提升。许多“走出去”企业反映，日本、美国、法国等国家使(领)馆对东道国的企业服务及时到位，国家外交人员经常性地走访领区内的企业，这些国家驻上海领馆人员一年要去企业看望两次，及时了解情况，帮助协调和解决有关困难、问题，日本领馆人员还对企业财税问题提供专业帮助。海外投资企业反映，除“走出去”初始必须向所在地领馆报备、办理有关认证外，此后10多年间从未有中国使(领)馆人员来企业走访过。还有在欧洲投资的企业反映，曾经连续两次到大使馆报到都找不到经办人，大使馆也不会主动联系他们。平湖市工商联反映，部分会员企业找大使馆寻求帮助，但是往往要排队好几天才能轮到。有企业反映，大使馆对于民营企业和国有企业的态度是不一样的。根据商务部、银监会、保监会等颁布的《对外承包工程项目投标(议标)管理办法》规定，在对外工程投标中，500万美元以上的项目需要中国驻当地大使馆商务参赞处开具批准函，民营企业反映在获得这类函件时往往遭遇阻力和困难。部分“走出去”项目也需驻外使(领)馆确认才能享受政策补贴，正泰集团在欧洲一个太阳能电站项目，当地团队两次拜访使馆介绍项目情况，但使馆却迟迟没有确认浙江省商务厅的询证函件，影响投资补贴无法兑现。

有企业反映，境外机构注册涉及企业资料的公证与使(领)馆认证，国内公证及使(领)馆认证代办采取“属地管理”原则，便捷性受到影响。以温州、上海为例，温州公证文件需送杭州代办使(领)馆认证，上海外事中心虽然可代办使(领)

馆公证文件认证,但是仅接收上海公证机构文件,而上海公证机构无法办理温州企业的公证事务。另外,内地公证机构也无法办理香港公司公证事务,等等。

许多企业仍希望得到政府支持和财政补贴。华友钴业反映,钴作为90%依赖进口的战略性资源未被列入商务部资源回运补助目录,商务部给予的项目贷款贴息额只占其利息支出的5%。台州黄岩海耀工艺品有限公司反映,公司在欧洲、北美洲、非洲、亚洲等地积极申报境外专利,希望政府能够给予申报费用方面的鼓励支持。嘉兴市财政局反映,目前国家对境外直接融资和引进国外先进技术方面还没有财政支持政策。杭州市紧固件行业商会反映,该行业5%的出口退税率太低。有企业反映境外产品回销国内的所得税率过高,也有企业反映在境外投资存在双重征税情况。华友钴业反映,境外投资项目产品钴精矿,如果运回国内深加工就会被重复征税。嘉兴舒福德电动床有限公司提出疑问,他们2014年收购美国企业投资5000万美金,第一年就获得利润3000万美金,不知道利润能否合法地回到国内且避免双重交税。湖州一生产拉杆箱的企业反映,在朝鲜投资经营20多年赚外汇很多,这些资金用于投资国内企业时如何处理税收问题。

东道国汇率波动风险。正泰集团反映,企业投资印度电站收取电费,由于卢比大幅汇率贬值(自2011年以来累计贬值40%左右),致使正泰集团输配电产品在印度丧失竞争优势。浙江美科斯叉车有限公司认为,人民币汇率提高使中国机械产品价格优势逐步降低甚至消失,即使"一带一路"在"五通"方面取得再进步,汇率变化带来的比较优势丧失,也会抵消企业参与"一带一路"的吸引力。

国际地缘政策与冲突严峻。不少企业反映,如也门、刚果(金)、巴基斯坦、委内瑞拉、叙利亚、越南等国家政局动荡,会给海外投资带来巨大损失。在2014年越南的骚乱中,不少浙商投资的厂房设备遭打砸抢,甚至中方员工的人身安全都不能保证,企业停业、召回员工带来的损失巨大。杭州市紧固件行业商会反映,俄罗斯遭受欧美制裁后,不少紧固件企业原有订单无法履行合同,专用性的紧固件产品大量压库,使不少会员企业陷入困境。前些年刚果(金)战乱中曾经有4家紧固件企业的货物不知所终。近几年,伊拉克、叙利亚战乱,都给许多企业带来结算困难。美国制裁伊朗以及关联国家制裁对伊朗的贸易,也对浙商造成巨大损失。

涉及部分东道国腐败问题。许多企业反映,东南亚、非洲以及欧洲的俄罗斯，存在政府工作人员索贿的情况。美通公司反映，越南某些部门如海关，往往会对企业正常生产经营管理中很多合理的情况根据某些不合理的规定加重惩罚。比如进口原材料没有在进口时规定时限内使用完毕。这些企业往往预留了所谓“腐败”成本，起初控制在销售收入的1%左右，后来逐步增加到3%、5%甚至超过10%，超出企业承受范围。如果将企业“反腐”反映给更高级机构，往往会招致当事人更重的处罚。此类情况，使(领)馆也爱莫能助。投资者政策突变也是一个风险。正泰集团反映，在保加利亚投资一个电站项目，并网发电之后，当地征收“特殊并网费”，对太阳能项目追溯性征收39%并网费。这种变动对企业投资来说，往往是致命的。盾安集团反映，拟议与巴基斯坦企业进行新能源项目合作，经多次考察、交流和谈判，最终还是顾虑巴国政治状况和法律法规而放弃。

东道国劳工政策、安全生产等管制严格。企业反映，不仅发达国家，还有不少发展中国家，都有比较严苛的劳工保护和就业规定，如果企业仍然根据在国内的经验和思维定式来实行管理，往往会遭遇法律障碍和风险。盾安集团反映，依照泰国的劳动法，不允许对工人实行计件制，这直接影响到泰国配件工厂生产效率提升，生产率水平落后于国内。正泰集团反映，在意大利设立公司需要当地人担任董事，沙特、巴西都对招收本地人有严格的比例要求，欧洲国家普遍实行严格的解雇赔偿。根据美国加州劳工法，员工一个月可以有累计3天的休假，这三天时间可以按1小时分解使用，也就是说员工每天都可以随时休假1小时或者2小时，老板讲话声音重了都有可能被员工起诉。

有企业反映，澳大利亚不存在投资办企业的注册资本金，但在安全生产、劳动监察、环境保护这三方面存在极其严格的监管，严重违法者要负刑事责任。如果雇员发现工作场所或生产条件不符合安全要求，他们有权拒绝上工；员工还有权对领导或同事不严格遵守安全法律法规的情况向煤矿安全部门告发。发现煤矿险情应主动依法汇报，发现潜在险情没有汇报是触犯法律的。安全生产方面如有问题一经州政府查处，业主往往倾家荡产。煤矿主和经理人员违反制度会被注销专业执照，还有可能要坐牢。出现死亡事故，业主可能被处以100万澳元罚款。

对华贸易保护主义也是不可忽视的问题。正泰集团反映，在澳大利亚遭遇输配电设备的反倾销案，尽管最终胜诉，也花费了不小精力。又如南非要求投资电站采用一定比例的当地产品组件，当地又难以找到合格供应商。

不少属于发展中国家的东道国，社会经济文化科技发展和基础设施落后，经济生态严重落后于浙江，不能形成上下游产业链和配套产业缺失。投资于非洲尼日利亚的湖州大港集团进出口有限公司反映，曾经投资几百万美金在当地办印染厂，因当地供电能力没有保证，缺乏印染配料和印染技工，最终放弃。浙江苏嘉医疗器械有限公司反映，在埃塞俄比亚用投资收益再投资，必然涉及用地，中国人既没有土地又不能办工厂，只好依附在当地人名义下办企业，财产安全完全没有保障。非洲许多国家医疗卫生条件差，经常遭受各类疾病、病毒困扰。这些都是企业“走出去”难以回避的困难。

经验和建议

建立对外投资和跨国经营的法律体系十分重要。中国企业“走出去”和跨国经营迅速发展，为全面、系统地推进“一带一路”国家战略，为发展中国的跨国企业，需要形成境外投资管理的法律保障体系。有关部门需借鉴发达国家管理跨国企业的经验，结合中国企业跨国经营的实际，并结合全球经济社会发展未来趋势，尽快制定相关法律。有企业和商会建议，尽快完善《境外投资法》《海外投资与经营保险法》等，对涉及境外投资审批监管、投资产业、投资保险、投资金融、投资税收、投资争端解决等主题，做出规定和规范。

关于全球安全和应急机制。中国公民在境外的人身安全、财产安全、合法权益和利益，应当得到中国政府的保护，中资企业在外国的合法权益和权利，也应当得到中国政府的保护。随着全球化程度加深，随着国际经贸活动普遍化，随着中国国际地位和国际形象提升，国家应当在保障中国公民、中国法人在海外的权利和权益方面，有所作为。统筹安排协调外交、商务、安全、经贸、文化、教育等方面的力量，共同构建促进中国公民和中资企业海外发展，保障中国公民和中资企业海外权益、海外利益，是中国和平崛起的需要，是完善市场经济的需要，是积极迎接全球化的需要。建议在中央政府主持下，统筹相关职能部门和职能机构，地方政府和社会组织广泛参与，全时空覆盖、保障中国公民和中资企业海外安全和权益利益的机构和机制。在保障“走出去”企业权益方面，各级工商联、商会、协会、驻外使（领）馆等，应当做出更多努力。财政、金融、税务、商务、外交、外事等部门和机构，应当把“走出去”企业发展纳入服务和管理范围，并对企业在境外涉及的法律诉讼等问题提供指导服务。

统筹管理和服务对外投资和跨国经营，建立全国统一的、跨部门的体制和机制。由基层商会建议，国家有关部委联合建立了“全国性企业境外投资综合服务平台”，把外经贸、外事、侨务、港澳、贸易促进、人民银行、公安、出入境管理、海关、检验检疫、法律、人事人才、开发金融、工商联、商会、协会等有关单位协调联动，以“一站式窗口＋网上服务”的形式，提供政策信息咨询、投资风险评估、法律融资服务等全流程服务。借鉴美国经验，设立专门机构承保国际政治风险，借鉴日本经验，设立“海外投资亏损准备金制度”，完善境外投资风险防控体系和服务机制。建议设立中国留学生、海外学人、华人华侨与中资企业交流互动机制，在懂外语、懂专业、懂当地文化的中国留学生与“走出去”企业之间建立桥梁。

积极促进涉外法律、会计、商务服务机构发展。鼓励国内法律、会计等咨询服务机构到境外设立分支机构，鼓励这些机构雇佣境外雇员，对开展相关涉外服务的机构提供大力度的财政税收支持，积极促进尽快形成能够承担对外投资服务职能的律师事务所、会计师事务所、咨询公司、中介机构等。

加快创立“境外经贸合作园区”，推动民企抱团“走出去”的步伐。借鉴推广泰国罗勇工业园区等成功经验，建立一批民营性质的“境外经贸合作园区”。建议由国家商务部牵头，加强与有关国家和地区的谈判、沟通、联络，牵线搭桥，推动国内纺织、服装、化工、电子、家用电器、造船、玻璃、电解铝、水泥、钢铁等传统优势产业“腾笼换鸟”，梯度转移。如温州市有产能饱和但技术设备世界一流的皮鞋生产线2000多条，可以利用印度等国家相关皮鞋制造产业缺乏、市场空间十分巨大、没有进口淘汰生产线的政策限制规定、产品出口到美国等还可以免税等有利条件，建立中国相应的境外工业园区。此外，对于像杭州、宁波、湖州、嘉兴等地的纺织服装、家用电器、仪器仪表等产业，政府也应该加大扶持，推动全产业链集聚转移到柬埔寨、越南、缅甸等相应适合的国家和地区。

建立民营企业参与国家“一带一路”战略促进机制。以“商会搭台、政府支持、中介服务、企业唱戏”为原则，鼓励、支持有资质的民营企业平等参与“一带一路”有关重大项目分包、设备招标，鼓励、支持更多民间资本参与境外项目投资、工程承包、劳务输出，鼓励民营企业开展对外经济贸易合作，对民营企业参与“丝路基金”“亚洲基础设施投资银行”等项目进行有针对性的咨询服务，指导帮助企业申请各级财政支持，全力推动民营企业参与“一带一路”建设。

建立驻外使（领）馆对中资企业的走访制度。参照发达国家驻华使（领）馆做法，强化使（领）馆的商务服务和促进对外经贸合作的职能，适当增加商务人员编制，为所在国和领区内中资企业提供相关服务，并承担适当的管理责任。

随着中资企业在海外发展，中华全国工商业联合会也应当走出国门，建议全国工商联在民营中资企业比较集中的国家和地区境外分会、办事处、联络处或代表处，贴近联系会员企业，协助会员企业联系吸纳供应职能机构、驻外使（领）馆等。建议全国工商联联合全球各地商（协）会，扩大活跃商界的民间外交，举办全球各地商会参与的论坛、对话、组团交流、参观考察、项目推介等，促进建立国际经贸合作伙伴关系。建议全国工商联或省级工商联组织建立常设信息咨询服务机构，及时收集“走出去”企业信息，提供指导、引导，发布预警、警示。

七、几个案例

正泰集团：聚全球资源，做天下生意

创办于1984年的民营企业正泰集团，现有包括智能电器、新能源、自动化信息化和高端装备制造在内的八大专业公司，2000多家国内销售中心和特约经销处，40多家国外销售机构。2014年，集团在册员工达3万人，总资产365亿元，实现年销售额350亿元，其中出口额60亿元（占销售总额17.14%）。集团拥有覆盖电力“发、输、变、配、用”的全产业链。浙江正泰电器股份有限公司是中国低压电器行业产销量最大企业，也是上海A股首家以低压电器为主营业务的上市公司。浙江正泰太阳能科技有限公司是国内最大的民营光伏电站投资运营商。

近年来，正泰集团积极实施“走出去”战略，通过投资、并购等方式，积极布局海外，提升全球竞争力。

1.积极实施品牌战略，凭借全球化营销体系“走出去”

放弃贴牌加工业务模式，着力打造“CHINT”和“NOARK”两大自主品牌，并抓住欧洲金融危机的契机，稳步提升市场占有率，逐渐扩大品牌影响力。改变曾经单一依靠国外经销商、代理商的销售模式，在北美、欧洲、南美、中东和亚太

等六大地区80多个国家设立销售子公司和物流基地，在国外实施“本土化”策略，招聘外籍专家和员工，构建多层次的国际营销网络。

2. 创新商业模式，通过投资总包卖服务“走出去”

改变过去单纯“卖产品”的方式，向EPC总包“交钥匙”工程、开发投资建电站向运营电站收电费“卖服务”转型。在巴基斯坦、坦桑尼亚、也门、津巴布韦等10余个国家承建了上百座变电站，取得了33KV—500KV电压等级的变电站和输电线路工程总包业绩，通过工程总包项目带动产品配套出口。2008年正泰与澳大利亚必和必拓公司签订了长久的战略供应协议，为其在矿业领域提供了包括132KV变压器在内的近200台变压器设备。

正泰集团结合自身实际，根据不同的市场属性，适时推出“EPC总包＋直销”方式，积极拓展海外市场。正泰旗下的上海新华控制技术(集团)有限公司，是一家致力于自动化、信息化的高新技术企业，主要为电力、轨道交通、环保、市政工程、石化、冶金等行业领域提供电力设备的控制系统与监控系统。通过采用“国内EPC总包方间接出口和国外项目代理的直接出口相结合”的方式进行海外拓展，企业产品出口至巴基斯坦、孟加拉国、伊朗、伊拉克、苏丹等地。其中，伊拉克萨拉哈丁2X630MW燃油气电站工程项目中的600MW燃油机组控制系统，是中国出口的最大规模、控制水平最高的控制系统，打破了德国西门子公司在该区域的垄断。正泰输配电产业也通过这种方式获得成功。如，刚果(金)希图鲁铜矿220KV输变电工程，该项目从设计、生产准备、下单以及商检、退税和货运代理等业务都是我方独立完成，我方还首次尝试了境外工程试点人民币结算业务，实现了较不错的盈利。

3. 加大全球投资并购力度，整合资源“走出去”

正泰先后在海外投资设立了10多家子公司，设立了欧洲、北美研发中心，在俄罗斯、捷克、西班牙、巴西等国家设立了区域物流中心。2013年底，正泰太阳能收购了德国知名光伏企业Conergy在法兰克福奥德市的工厂，实现了光伏组件生产国际化，并有效规避了欧美“双反”。积极参与亚洲的印度、非洲、欧洲等国家和地区的电网改造或并购项目、太阳能光伏电站及输配电工程投资建设项目，以及技术研发资源并购项目等。

4.借助海内外融资平台，合作共赢“走出去”

发挥正泰欧洲和正泰香港投融资平台功能，与国家开发银行、中国进出口银行、中国工商银行及IFC（International Finance Centre，国际金融中心）、美国银行、泰国银行、南非标准银行等国内外金融机构建立战略合作关系，先后在国内及美国、德国、保加利亚、罗马尼亚、南非、印度、泰国、韩国、日本等投资建立了近100所地面和屋顶太阳能光伏电站，总装机容量达1.2GW。如南非项目由南非标准银行和中国工商银行组成银团贷款；印度和亚太项目由中国进出口银行、中国工商银行提供内保外贷，IFC和印度当地金融机构提供银团贷款；欧洲项目由开行提供项目贷款，使正泰的海外项目成为实现境内外金融机构跨境合作、政策性和商业银行共同支持的落脚点。2014年，海外电站全年累计并网发电14506万千瓦时，实现发电收入2.4亿元，已建成发电项目184.03MW。

5.抢抓“一带一路”战略机遇，多方携手“走出去”

“一带一路”沿线国家共约46亿人口，经济总量21万亿美元，分别约占全球总量的63%和29%，其中在多数发展中国家中，我们的产品质量、服务、价格等在这些市场上有较大的竞争力，增长空间和潜力巨大。为抢抓“一带一路”建设先机，2014年11月正泰集团在陕西咸阳建立正泰电气产业园，通过生产、物流、商流、信息流的有机结合，使正泰产品和服务快速融入“丝绸之路经济带”建设。针对单个民企实力弱小的实际情况，本着“内联大、外联强”的原则，积极“抱团”走出去。正泰集团于2015年3月参与发起“绿丝路基金”，致力于丝绸之路经济带生态改善和光伏能源发展。正泰集团发起成立浙江民营企业联合投资有限公司，拟募集资金300亿，预计可撬动3000亿元的资金规模，关注并积极参与“一带一路”在内的重大项目的投资、并购。

康奈集团：建设境外经贸合作区

康奈集团有限公司始建于1980年，主营中高档男女皮鞋，兼营皮具、服饰、内衣，总部位于温州中国鞋都工业园，在安徽宿州建有皮鞋生产基地，在俄罗斯建有乌苏里斯克“境外经贸合作区”。康奈集团有限公司现有员工20000多人，2014年皮鞋主营业务销售收入19亿元，其中外贸出口3800多万美元，皮鞋出口均价25美元，属于国内高档产品出口企业。

1998年，中国皮革协会提出，用15—20年时间培育出几个在全球叫得响的知名品牌。康奈集团率先以实际行动响应这一号召。目前，康奈集团“走出去”的基本方式主要有两种：一是开设海外专卖店；二是建设俄罗斯乌苏里斯克经贸合作区。

2001年1月18日，康奈在法国巴黎开出了中国鞋业第一家海外专卖店，随后又在纽约、罗马等世界著名城市开出专卖店。康奈集团曾经在美国、法国、意大利、英国、哈萨克斯坦、越南等10多个国家开了专卖店和专卖柜，最高峰时有200多家专卖店，康奈皮鞋在海外专卖店的男鞋零售价80—150欧元，女鞋60—100欧元。

2006年，温州制鞋业遇到俄罗斯出口灰色清关的问题，康奈集团作为温州市鞋革行业会长，及时研究对策，并考察俄罗斯远东地区。适逢商务部在招标建设“境外经贸合作区”，康奈集团提出在俄罗斯乌苏里斯克市建立境外经贸合作区，商务部批复由康奈集团牵头在乌苏里斯克组建“境外经贸合作区”，成为商务部批准的第一批八家合作区之一。2010年3月20日，时任国家副主席习近平专程到俄罗斯海参崴召开乌苏里斯克经贸合作区座谈会，对合作区的发展寄予厚望。2013年，俄罗斯乌苏里斯克经贸合作区全年实现产值35亿元人民币，给俄罗斯政府上缴各种税费4000万美元，直接带动出口22亿元人民币。2014年销售总额达5.7亿美元，稳居俄罗斯各园区首位，是乌苏里斯克市第一纳税大户。

但是，由于缺乏足够的经验，“走出去”也遭遇了严重的挫折。由于东道国企业恶意竞争和知识产权相关问题、欧元汇率变动、销量和运输问题等困扰，在欧洲的鞋业销售和专卖店遭受损失很大，已经大规模收缩。由于俄罗斯遭受国际制裁，经济状况恶化，也由于乌苏里斯克“境外经贸合作区”内中资企业起点低实力弱，该园区近期发展受阻。

2014年，园区经过了9年的发展，已经形成了集生产、销售、办公、服务为一体的大型境外综合经贸区。到目前为止，已累计投入资金9亿元人民币，建成标准厂房17栋，共计15万平方米；竣工交付使用综合办公楼1.5万平方米；员工活动中心0.58万平方米；标准化道路12万平方米；绿化面积约8万平方米。2014年的招商引资工作，康泰集团更注重于第二层次企业的引进，也就是在过去的入驻企业仅仅停留在鞋子、服装、包装物、地板的基础上,逐步实现“腾笼换鸟”的目的,即引进电网,改造成套设备组装厂、彩钢标准厂房,构建制造、家电通信设备厂家等,目前已进驻的企业达30多家。

温州市鞋革行业协会:产业转型升级积极“走出去”

鞋革行业是温州民营经济的重要支柱产业,具有产业关联度高、带动性强、就业面广、品牌集聚效应显著等特征,成为中国最具竞争力的鞋革生产、出口基地之一。先后荣获“中国鞋都”“中国皮都”“中国休闲鞋生产基地”“中国胶鞋名城”“中国合成革之都”“中国鞋都安全鞋名城”“中国鞋都女鞋基地”“中国鞋类出口基地”“国家外贸转型升级示范基地”等称号。

目前,全行业共有制鞋企业3647家,规模以上企业742家,超亿元企业80多家,高新技术企业13家,上市企业1家;拥有中国出口名牌3个,中国名牌产品7个,中国驰名商标82枚,中国出口商品免验3个,还有浙江名牌48个,浙江出口名牌9个及浙江省著名商标37个。2014年,温州鞋革行业共完成工业总产值865亿元,鞋类生产总量占全国12%左右,完成出口额48.13亿美元,占温州外贸出口总值的25.94%,占全国鞋类出口总值的8.56%。

1. 协会职能发挥情况

多年来,协会始终坚持“组织、服务、协调”的宗旨,为当好政府与企业的桥梁与纽带、促进全行业的健康发展而不懈努力。协会协助政府制定行业规划、推动实施名牌战略、培育专业市场、开展人才培训、发展电子商务平台、加强行业自律,在意大利、西班牙等国建立对外贸易信息联络点;与中国皮革协会等行业组织组成应对联盟,维护中国鞋企合法权益,大力支持康奈牵头组建俄罗斯乌苏里斯克经贸合作区,支持瓯海南龙制革厂等5家温州鞋企于乌兹别克斯坦锡尔河州投建“中亚鞋都”。协会连续多年组织企业参加国内外鞋展,开拓国际市场,加强与国外同行业组织合作交流,发挥了有别于政府及其他社会组织的独特优势。2013年,协会更作为温州市政府向社会组织转移职能试点的首家承接工作单位,正式承接了六大部门的八项转移职能,在全国开创了政府向制造业协会转移职能先河。目前,协会下设有鞋类出口委员会、鞋楦专业委员会、鞋模专业委员会、创新与技术专业委员会、女鞋分会等5个分支机构。

温州鞋革行业是最早走出国门、参与国际竞争的一个行业。有一件事经常被各地媒体引用:20 世纪 90 年代南斯拉夫发生内战后,第一批进入前南地区的,不是联合国维和人员,而是一批温州商人。无独有偶,在 2002 年世界杯足球赛举办地韩国汉城(首尔),第一批在球场外南大门市场内租赁 20 多个摊位的也是温州皮鞋制造商。奥康集团率先在世界鞋都意大利建立设计中心,并先后在澳大利亚、荷兰、西班牙、美国设立了办事处和销售网点,还与日本、西欧各国建立了贸易合作关系,在世界 50 多个国家和地区注册奥康商标。温州鞋革企业纷纷将专卖店开到世界各地,40 多个鞋革企业在境外设立分公司和办事处。近几年,温州鞋企开始不断进入东南亚、朝鲜等市场。

温州鞋革行业不断加强自主创新能力,将研发与市场对接,把引进与创新结合,在鞋子的内涵、样式、功能方面不断推陈出新。企业纷纷与国际知名研发机构合作,邀请意大利、西班牙等国际著名设计师,创办研发设计中心。康奈集团与英国 SATRA 技术研究中心合作,在国内成立世界级鞋类设计研发中心。奥康集团与意大利鞋业第一品牌 GEOX 合作,网络共享;2007 年底与国际著名品牌万利威德合作,并投入 2 亿多元引进 30 条国际一流的生产流水线,并在意大利成立鞋样设计中心和信息中心,聘请意大利制鞋大师和设计大师常驻温州总部指导开发设计,每年开发 3000 多个新品种。红蜻蜓集团与比利时著名运动鞋设计公司爱思康公司合作,致力于运动皮鞋的研发和生产。蜘蛛王集团与意大利景泰国际集团合作,生产安全系列鞋。巨一集团通过与德国 DHM 公司的合作,实现民外合璧,借梯登高。

温州鞋革企业投入巨资在国外打造先进制造业基地,不断加快“走出去”步伐。瓯海南龙制革厂等 5 家温州鞋企于乌兹别克斯坦锡尔河州投建的“中亚鞋都”——鹏盛工业园,总投资 4500 多万美元,占地 550 多亩,2010 年制革、陶瓷等企业相继入驻投产,2013 年园区完成工业产值近 5600 万美元,出口创汇约 3000 万美元,向当地政府纳税超过 500 万美元,成为中乌两国间民营投资项目的成功范例。

目前,温州鞋产品已遍及全球 150 多个国家,对美国、俄罗斯、德国、英国、比利时、日本、西班牙、法国、荷兰、南非、意大利、波兰、阿联酋等国的出口额均超 1 亿美元。

2.促进企业“走出去”的工作

在引领企业“走出去”方面,协会搭建了国际贸易平台,积极推进高层次对外开放格局。2007 年至今,协会每年都会组织会员企业赴境外进行商务考察,取得较好成效。协会已连续多年承办每年两届的意大利加答国际鞋展,组织温州企业参加美国拉斯维加斯鞋展、德国 GDS 国际鞋展及印度国际皮革展览会等国际鞋展,并于 2009 年首次组织 13 家鞋革企业参加在南非开普敦举行的第十一届国际纺织品、纺织机械及鞋类展览会,积极带领企业跨出国门进行品牌对接。2009 年 6 月,协会带领吉尔达、巨一、天雅等温州 12 家鞋服企业组成的考察团前往意大利马尔凯大区,与意大利 50 家鞋服品牌就收购、合作等事宜进行接洽。2010 年 10 月,由时任温州市副市长孟建新带队的经贸代表团出访意大利,与意大利鞋业协会就设立贸易代表处、跨国并购、品牌收购、人才交流、引进技术和材料、制鞋专业科研机构等多个方面达成合作意向,共同推动“中国鞋都”与“国际鞋都”之间的交流合作。2010 年 12 月,协会与西班牙皮鞋协会签署战略合作框架协议,为更多的温州鞋走进欧洲市场、和谐贸易搭建平台。

协会连续 19 年承办中国(温州)国际皮革及鞋材鞋机展览会,这是中国规模最大、品种最全的皮革暨制鞋工业类专业展览之一。2014 年 8 月,举行第 19 届国际(温州)皮革、鞋材、鞋机展,来自国内外的参展企业共计近 700 家,有来自近 70 个国家和地区的海内外采购商和业内人士共 3 万人次到会,斯里兰卡、孟加拉、印度等国鞋业考察团来访参观交流。

应对贸易壁垒,强化企业维权意识。2006 年,欧盟发起对原产于中国与越南的皮鞋征收为期两年 16.5%的反倾销税。温州市鞋革行业协会带头成立“欧盟反倾销应对联盟”,支持泰马、奥康等企业向欧盟法院提起诉讼。在应对反倾销诉讼中,我们是越挫越勇。协会组织多次赴世界各地,为温州鞋革产业提高国际美誉度,为维护中国鞋革行业形象努力奔走。2011 年 3 月 16 日,欧盟委员会发出公告,宣布从 3 月 31 日起正式停止对越南和中国生产的皮鞋征收反倾销税。2011 年,西班牙巴伦西亚自治区埃尔切市地方法院就 2004 年该市发生的焚烧华商仓库事件做出终审判决,28 名肇事者被判有罪,原告温籍华商陈九松诉讼获胜。俄罗斯的“灰色清关”以及接二连三的拉鞋事件也一直是温州鞋企乃至中国鞋企棘手的问题。早在 2005 年,协会执行会长谢榕芳带队赴俄罗斯调研相关情况并联系考察绥芬河的投资环境。协会积极筹建预警示范点，并于2008年正式获浙江省商务厅授牌，成立“温州鞋产品外贸预警示范点”，此后还相继于意大利、西班牙等国家建立对外贸易信息联络点，成为温州最早在海外设立的对外贸易预警点。2014年，温州鞋产品对外贸易预警示范点共发布各类信息321条，由预警点与温州海关密切合作完成的《上半年浙江省鞋出口快速增长整体商务环境有待改善》报告被省政府录用并报送国务院办公厅。此外，预警点还继续加强鞋类产业损害预警监测工作，2014年数据报送率达99%，进一步加强了温州“四位一体”的产业损害预警监测体系。

搭建行业公共服务平台，深入产业基地建设。2014年10月，温州市鞋革行业公共服务平台授牌仪式于“2014中国（温州）国际时尚消费展暨第十届轻工产品博览会”上隆重举行，该平台为全市鞋革产业链上的所有企业提供技术、人才、金融、法律、税务、品牌、信息、管理、电商及外贸共10个方面的免费服务。其中外贸服务的主要内容，就是营造鞋革行业出口环境，搭建鞋类出口贸易服务平台，为鞋革行业中小企业提供外贸服务、指导等，提高鞋革行业中小企业出口成活率。温州鞋革行业协会专门成立辅导师团队，深入鞋革行业中小企业辅导出口业务，培育一批中小鞋革企业创建出口贸易。

协会与温州检验检疫局签订合作框架协议、开展密切合作，协助市检验检疫局申报国家级出口产品质量安全示范区。2014年12月，以中国鞋都产业园为中心的温州市（鹿城）出口鞋类质量安全示范区通过国家质检总局专家组的考核验收，获得国家级出口鞋类质量安全示范区“金名片”。协会还积极配合商务局等相关政府部门继续做好中国鞋类出口基地、国家级外贸转型升级示范基地建设工作，开展公共服务平台调研，完成了浙江省温州市鞋类基地的宣传材料报送、2014年半年度发展情况介绍及相关数据报送，更好地为商务部门外贸宏观决策服务。

3. 若干问题和未来预期

欧美技术壁垒日益高企。2014年第一季度温州市首次收到西班牙以安全鞋类标准通报普通女鞋，而2012年以来，西班牙均用自愿性标准UNE5990—2007通报温州市出口鞋类六价铬（吞、吸入性毒物，接触皮肤可能造成遗传性基因缺陷）问题；第二季度，温州市一出口法国的女鞋又因六价铬超标问题被欧盟通报,这是欧盟首次以职业摩托车鞋标准通报普通女鞋六价铬含量超标问题。同时,欧盟更新的生物杀灭剂法规(BPR)第一次实现由欧盟化学品管理署(ECHA)统一管理,在欧盟范围内强制执行,一旦某个生物杀灭剂产品被发现不合格,相关企业将受到严厉制裁。由于鞋材中的皮革等材料须经生物杀灭剂处理,鞋企反映BPR将对其采购、生产环节和成本费用等方面造成很大压力。与此同时,美国、欧盟乃至许多的发展中国家,都在不断强化贸易救济调查机构、扩充贸易救济调查队伍,修改调查规则,中国的公平贸易工作面临着多边规则重构的挑战,贸易摩擦在不断升级。温州鞋出口面临的贸易摩擦形势依然十分严峻。

目前欧美等国家对环保的要求越来越严。对出口欧盟的鞋类产品,每一批次、每一款型都要求有第三方检测机构出具的检测报告,企业每年要花巨额资金进行相应的测试。如浙江省鞋类出口大户巨一集团,每年的测试费用都在500万元以上,这些都在无形中增加了企业的经营成本压力。

对"走出去"的有关建议。企业"走出去"须文化先行,市场要"走出来",文化要先行。只有把文化磨合的问题解决好,双方在文化上达到认知与融合,才能真正地做到和谐贸易与合作。强化企业应对文化冲突能力的培训,在国际上宣传中国文化,传播中国声音,通过推进文化融合与发展,为企业"走出去"营造更加有利的国际环境;支持设立对外贸易预警点,强化出口企业应对国外技术法规能力,及时了解分析国际贸易风险,化解风险于未然;通过政策和资金扶持,支持"走出去"民族品牌实现跨国经营;整合优化行业协会资源。目前温州有数百家大大小小的行业协会,普遍"低、小、散",与鞋革行业相关的行业协会就达20余家,影响行业自律,制造业的"一业多会"造成行业混乱。

第三部分　浙商的社会责任

百年来，企业社会责任，已经从一种理念发展为涉及企业行为、立法行动和公共政策等多领域的行为准则，已经广泛而普遍地融入正式或非正式的社会规范之中。学术界、企业界和政府机构等都开展了关于企业社会责任研究、讨论、对话、评估和国际合作与交流，取得了很多理论和现实成果，形成了各种不同的观点。

一般来说，社会责任是一种从社会整体、社会生态、全体社会成员、人与自然和谐相处等视角，考虑特定社会主体自身行为的观点。企业社会责任是指企业在创造利润、对股东承担法律责任的同时，还要承担对员工、消费者、社区和环境的责任。企业的社会责任要求"资本"所有者主导下的资本主义企业，必须超越"利润至上"的传统理念，强调企业发展要关注人、保护人、尊重人，强调对员工、环境、消费者和社会做出贡献。

根据 982 家受调研企业情况，2013 年这些企业合计营业收入 13311.4 亿元，缴纳税金合计 719 亿元；2014 年营业收入合计 14731.9 亿元，缴纳税金 761 亿元。营业收入与缴纳税金基本保持了同步增长。2013 年税负占营业收入比重 5.401%，2014 年税负占营业收入比重 5.165%，企业总税负水平略有降低。2013 年企业研究开发投入 142.5 亿元，2014 年企业研究开发投入 164.6 亿元，研究开发投入增幅 15.5%。2013 年企业环保投入 28.6 亿元，2014 年环保投入增加到 46.2 亿元，环保投入增幅 61.9%，企业环保投入增幅表现最突出。（表 3-1）

表 3-1 浙江民营企业社会贡献情况

年份	营业收入（万元）	缴纳税金（万元）	研发投入（万元）	获得专利数（项）	环保投入（万元）
2013	133114358.06	7189810.97	1425062.29	15396	285629.58
2014	147319098.67	7610101.30	1646330.53	15917	462402.61

2013—2014年，受调研企业员工总数在95万人左右，平均员工人数从961人提高到977人。签订劳动合同员工数超过80万人，缴纳社保员工数在67万人上下，缴纳公积金员工数在32万人上下。982家受调研企业员工总数、缴纳社保员工数两项，略有增长，增幅不大。与此同时，签订劳动合同员工数量、缴纳公积金员工数量两项，增幅高于前者。接受培训人次增长最突出。全部五项调研指标，都维持程度不同的增长，显示规范用工情况在稳步提高。

2013—2014年，签约员工数占比分别为85.3%、85.7%，缴纳社保员工占比分别为70%、70.6%，缴纳公积金员工占比分别为33.4%、34.5%，人均参加培训次数分别为2.5次、3次。培训人次提高幅度为20%。员工培训开始成为企业最重视的问题之一（表3-2）。

表 3-2 浙江民营企业规范用工情况(人)

年份	员工总数	签约员工数	缴社保员工数	缴公积金员工数	参加培训人次
2013	943719	804882	660526	315172	2362956
2014	959534	822650	677442	330641	2846670

浙商参与慈善公益活动已经比较普遍化，形式多样。2013—2014年，受调研企业参与各种慈善公益活动情况如表3-3所示。近两年，投入扶贫资金分别为15.8亿元和15.2亿元，支教资金分别为5.9亿元和5.0亿元，救灾资金分别为5.66亿元和0.34亿元，捐建公共设施分别为7.0亿元和4.37亿元，助残资金3.57亿元和3.39亿元，投入医疗卫生资金分别为6421万元和9279万元，资助科学文化事业分别为3176万元和4538万元，环保方面的慈善公益投入分别为9917万元和12.1亿元，产业帮扶方面分别为5531万元和1.15亿元，其他形式的慈善公益资金分别为10.1亿元和2.9亿元。

表 3-3　浙江民营企业参与慈善公益情况

	2013	2014		2013	2014
扶贫(万元)	158068.24	151807.68	卫生医疗(万元)	6420.92	9279.18
教育(万元)	59479.17	50438.67	科学文化(万元)	3175.78	4537.65
救灾(万元)	56630.38	3444.23	环保(万元)	9916.86	120602.98
公共设施(万元)	70077.24	43727.84	产业帮扶(万元)	5531.27	11517.19
助残(万元)	35748.06	33971.22	其他(万元)	100877.85	28975.75

1994 年 4 月 23 日,民营企业家联名倡议《让我们投身到扶贫的光彩事业中来》,开启光彩事业。多年来,包括港澳台侨工商界人士在内,越来越多的非公经济人士参与到光彩事业中来。在光彩事业的旗帜下,民营企业家们本着“自觉自愿、量力而行、互惠互利、义利兼顾”的原则,通过项目投资、资源开发、人才培训、贸易及捐赠等形式,为推动扶贫和促进“老少边穷”地区发展做出很大贡献。

2013—2014 年,浙江民营企业在积极参与光彩事业方面表现突出。两年来,浙江民营企业参与光彩事业数目分别为 1243 项、3253 项。光彩事业到位资金合计分别为 44658 万元、51621 万元,安置就业人数分别为 110799 人和 116710 万人,带动脱贫人数分别为 119040 人和 23939 人。根据资金投向,浙商投入比较多的是高新科技和基础设施建设;环保产业、非农产业和农村市场建设方面,浙商也有一定投入;农业产业化、农村旅游方面,浙商投入较少;国土绿化和国企改制两项,浙商根本没有涉及(表 3-4)。

表 3-4　浙江民营企业参与光彩事业情况

	2013	2014		2013	2014
项目数(项)	1243	3253	市场建设(万元)	586.00	2607.00
到位资金(万元)	44658.13	51620.84	非农产业(万元)	65.00	3966.00
安置就业(人)	110799	116710	环保产业(万元)	2561.00	3547.00
带动脱贫(人)	119040	23939	高新科技(万元)	14930.42	17994.05
农业产业化(万元)	127.20	63.00	基础设施建设(万元)	9867.00	12218.00
国土绿化(万元)	0	0	国企改制(万元)	0	0
农村旅游(万元)	6.00	10.00	其他(万元)	647.47	944.29

一、企业社会责任内涵

企业社会责任,总是与特定的社会经济基础、科技文化发展状况、人文历史积累等高度关联的。从对社会责任的认知程度、履行社会责任的态度等方面看,发达国家和发展中国家情况差别很大,世界各地区之间差别很大,中国企业和欧美企业差异很大,中国不同地区、行业之间差别也很大。

欧美企业社会责任

20世纪20年代,在工业革命中期,企业社会责任(Corporate Social Responsibility, CSR)概念在美国出现。无论Clark(1916)最早提出的企业社会责任思想,还是Sheldon (1924)正式提出的企业社会责任概念,或是鲍恩(1953)在《商人的社会责任》中的阐述,以及30—50年代Berle和Dodd关于公司受托人争论,其核心思想都是企业应自愿履行慈善责任。60年代以来,企业社会责任的研究和传播进入新的阶段。美国管理学家安德鲁斯提出“利润最大化是公司的第二位目标,而不是第一位目标,公司的第一位目标是保证自身的生存”,被誉为“社会良心的维护者和社会问题的解决者”。彼得·F.德鲁克认为,企业的目的必须在企业本身之外,企业目的必须存在于社会之中,因为工商企业是社会的一种器官。弗吉尼亚大学弗里曼等学者,更是发展出一个理论框架,把利益相关者纳入企业理论的视野。半个多世纪以来,利益相关者理论(Stakeholder Theory)在企业管理学界和企业伦理学界产生了深远影响,成为工商管理教育中必须提及的理论教条之一,也把企业社会责任纳入经济与商业理论范畴广为散布。

从欧美大公司实践中发现,落实社会责任,实现社会和环境责任的动态平衡,可以有效地提升企业的竞争力,为企业树立良好的声誉和形象,从而提升公司的品牌形象,增强投资者信心,更加容易吸引到优秀人才。企业实践社会责任的十大原则主要分为人权、环境保护和反腐败三个方面,具体有以下10个基本原则:

人权:

第一,企业应在其所能影响的范围内支持并尊重对国际社会做出的维护人权的宣言。

第二,不袒护侵犯人权的行为、劳动。

第三，有效保证组建工会的自由与团体交涉的权利。

第四，消除任何形式的强制劳动。

第五，切实有效地废除童工。

第六，杜绝在用工与职业方面的差别歧视。

环保：

第七，企业应对环保问题未雨绸缪。

第八，主动承担环境保护责任。

第九，推进环保技术的开发与普及。

反腐败：

第十，积极采取措施反对强取和贿赂等任何形式的腐败行为。

当前中国企业社会责任

在中国经济社会发展取得巨大进步，同时工业化和全球化积累的问题日渐突出的情况下，企业社会责任问题，在当代中国背景下具有新的特征。自20世纪90年代以来，学术界大多数人都以积极肯定的心态关注社会责任概念。当前，中国企业界和学术界对企业社会责任的关注，已经从理念传播、学术研究发展到具体落实和组织实施阶段，部分企业结合国际经验开始在履行社会责任方面进入实质操作。

当前，企业社会责任主要涉及以下十个方面：

1.诚信经营

种种原因造成的诚信缺失正在破坏着社会主义市场经济的正常运营。据不完全统计，消费者因企业的非诚信经营而造成的福利损失每年在2500亿—2700亿元人民币，占中国GDP比重的3%以上。很多优秀企业因假冒商品干扰导致企业陷入困境甚至难以为继。维护中国社会主义市场经济的秩序，保障人民群众的根本利益，是中国企业必须承担起的社会责任。

2.满足社会需要

以满足消费者和客户利益为目的，提供满足消费者需求、实现节约、增进社会福利的产品和服务。不断改进消费者的生活质量，通过节约社会成本、提高人民幸福程度来获得企业生存发展的条件,谋求利润最大化。社会责任概念,与设租寻租、欺行霸市、垄断利益等不相容。

3. 节约成本

人类的进步通过两种基本方式实现:一是满足新的需要、开发新技能、发现新领域、实现梦想;二是在不降低满足程度的前提下,提供能够节约成本、节约时间、节约人力、节约资源的方式方法。真实的成本节约,一定能够真正地实现节约社会资源、节约自然资源,这才是经济进步的本义。

4. 科学发展

统筹考虑长期发展和短期利益,统筹考虑全局和局部,统筹考虑股东资本权益和相关者利益,统筹考虑秩序、规则、机制、制度进步与行为方式,统筹考虑科技文化事业与企业自身利益,既是长期最优发展模式的要求,也是发展中国家科学发展的关键。

5. 可持续发展

中国是一个人均资源特别紧缺的国家,企业发展必须正视节约资源,发展循环经济,调整产业结构。实施"走出去"战略,用好两种资源和两个市场,是实现可持续发展和伟大复兴的现实途径。

6. 保护环境

近年来,中国大陆生态环境恶化状况日益严重,大气、水、土地、海洋都面临难以承受的污染危害,野生动植物面临生存危机,森林与矿产遭遇过度开采。企业必须警惕不能成为破坏"绿水青山""秀美山川"的罪魁祸首,为生态修复、环境修复担当起重任。

7. 社会事业和文化建设

教育、科学、文化、卫生事业,是社会发展的长远事业,也是企业经营的基本社会环境,为企业发展提供各种社会资源。企业发展必须促进和有益于教科文卫事业发展,在长期竞争和全球竞争中,企业最终需要依靠包括教科文卫在内的整个社会资源作为竞争力的全面支撑条件。企业安排一定财力和精力，为医疗卫生、教育、科学、文化发展做出贡献，是企业社会责任的最直接体现。

8. 发展慈善事业

作为13亿人口的发展中大国，社会经济文化发展很不均衡，还存在很多贫困人口和贫困地区，促进社会公平，扶贫济困，让经济发展惠及更多低收入者，企业可以在此方面做出很多事情，中国商人也有此传统。摆脱贫困不久的浙商，已经并将继续在此方面有所作为、有所贡献。

9. 尊重和维护职工权益

从一定意义上说，人力资源是企业发展的唯一资源，是企业发展的最终支撑力量。保障员工生命健康、确保员工收入、保证员工工作环境条件，不仅关系到企业持续健康发展，而且关系社会发展与稳定。构建和谐、愉快、进取、向上的企业氛围，本身就是提高企业竞争力。

10. 发展科技

科学技术是第一生产力，提高效益、降低成本、改善工作环境、增进职工福利等等，都涉及科技发展。创新也是企业发展的应有之义，能不能创新，是否做出重大创新，很大程度上代表着企业竞争力，也代表企业未来发展趋势和走向。

受调研企业及其社会贡献

2013年和2014年，浙江省工商联组织对浙江企业营业状况及企业社会责任状况从缴纳税金及员工规模两方面进行考察、调查，分别取得641份、982份有效问卷。

1. 营业收入

年营业收入额在10亿元以下企业占绝大多数。2013年和2014年营业收入1亿元以下的企业分别有347家和346家，占35.3%和35.2%；2013年和2014年营业收入在1亿—10亿元的企业分别有392家和400家，占39.9%和40.7%；2013年和2014年营业收入在10亿—100亿元的企业分别有132家和122家，占13.4%和12.4%；2013年和2014年营业收入在100亿元以上的企业

分别有28家和39家,占2.9%和4.0%。未填写本题的企业分别有83家和75家,占8.5%和7.6%。(图3-1)

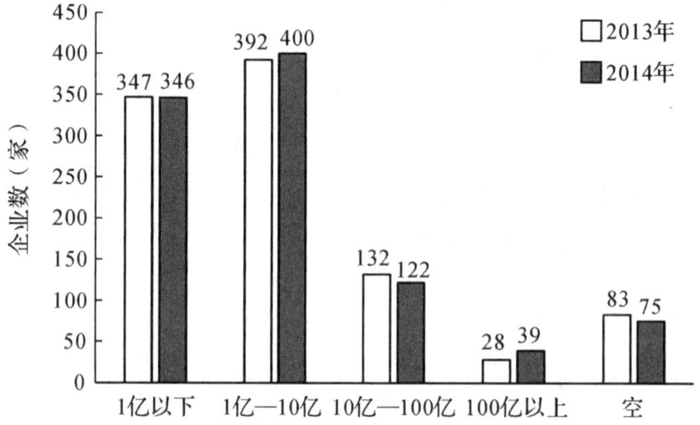

图3-1　2013年和2014年受调研企业的营业收入(元)

2.缴纳税金

年缴纳税金大多在100万—1亿元之间。2013年和2014年缴纳税金在100万以下的企业数量相同,都是157家,占16.0%;2013年和2014年缴纳税金在100万—1000万元的企业分别有342家和339家,占34.8%和34.5%;2013年和2014年缴纳税金在1000万—1亿元的企业分别有306家和304家,占31.1%和31.0%;2013年和2014年缴纳税金在1亿元以上的企业分别有82家和90家,占8.4%和9.2%;未填写本题的企业分别有95家和92家,占9.7%和9.4%。(图3-2)

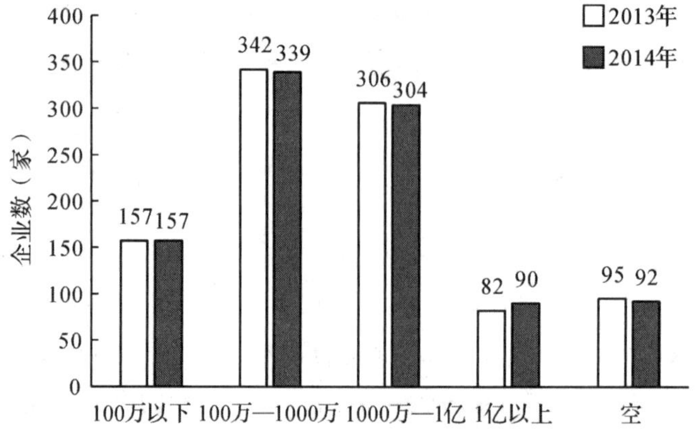

图3-2　2013年和2014年受调研企业缴纳税金(元)

3. 员工规模

员工总数主要集中在100—1000人。2013年和2014年员工总数在100人以下的企业分别有263家和269家，占26.8%和27.4%；2013年和2014年员工总数在100—1000人的企业分别有496家和504家，占50.5%和51.3%；2013年和2014年员工总数在1000—10000人的企业分别有145家和144家，占14.8%和14.7%；2013年和2014年员工总数在10000人以上的企业分别有14家和15家，占1.4%和1.5%。未填写本题的企业分别有64家和50家，占6.5%和5.1%。(图3-3)

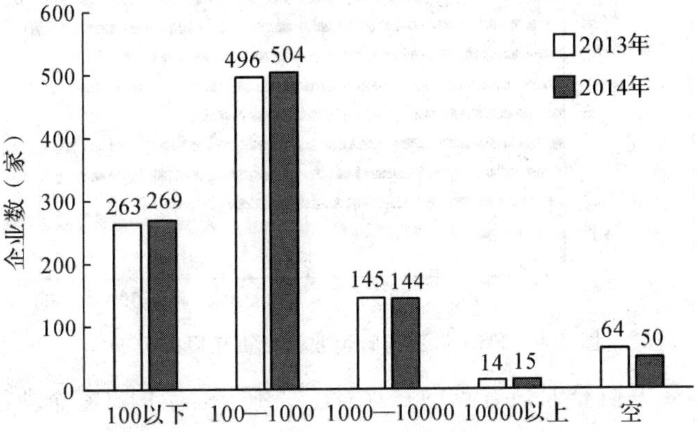

图3-3　2013年和2014年受调研企业员工总数(人)

二、浙商对社会责任的认知

当代浙商如何看待社会责任的概念体系？企业经营管理实务中是否采取措施以及采取何种措施贯彻落实企业社会责任？企业社会责任信息披露的途径有哪些？企业落实社会责任还需要政府社会哪些相应的配合？对这些问题的回答，基本可以反映浙商对企业社会责任认知状况。

企业社会责任概念体系

1. 企业认为社会责任具体内容

根据2013年对浙江企业调研取得的641份有效问卷统计，确保公司盈利共有424家企业选择，占66.2%；依法纳税共有612家企业选择，占95.5%；守法经营共有 573 家企业选择，占 89.4%；吸纳就业共有 515 家企业选择，占 80.3%；保障员工利益共有 580 家企业选择，占 90.5%；科技创新共有 400 家企业选择，占 62.4%；保证产品质量安全共有 530 家企业选择，占 82.7%；保护环境共有 567 家企业选择，占 88.5%；慈善捐款共有 465 家企业选择，占 72.5%；其他共有 4 家企业选择，占 0.6%(包括:为大众出行提供方便，成就员工，可持续发展，向党委政府建言献策，助学助医助残，社区养老服务，文化艺术，等等)。未填写本题的企业有 10 家，占 1.6%。(图 3-4)

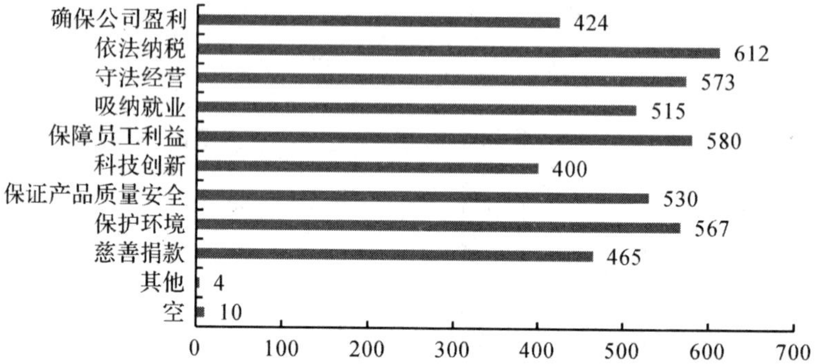

图 3-4 2013 年受调研企业社会责任概念分布

2014 年，要调研企业最看重的三项社会责任中，有 918 家企业选择诚信经营，为消费者提供质优价廉的产品与服务，占 93.5%；有 878 家企业选择关爱员工，企业与员工共同发展，占 89.4%；有 376 家企业选择尊重商业合作伙伴，维护市场公平秩序，占 38.3%；有 473 家企业选择节能减排，保护环境，占 48.2%；共有 250 家企业选择热心公益、参与慈善，与社会共享发展成果，占 25.5%；其他共有 2 家企业选择，占 0.2%。未填写本题的企业有 2 家，占 0.2%。(图 3-5)

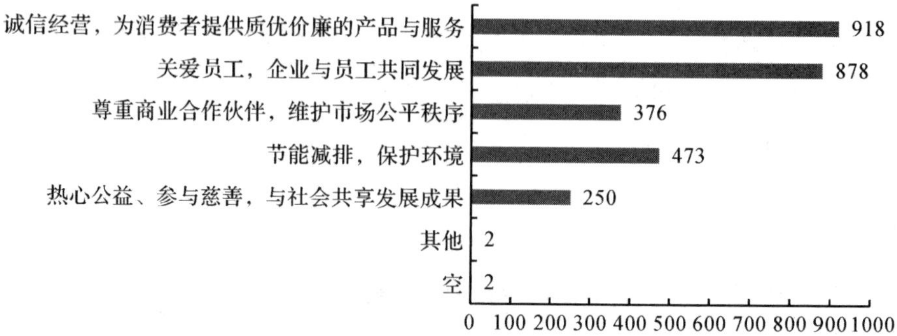

图 3-5 2014 年受调研企业最看重的社会责任

2. 企业社会责任信息披露的主要途径

2014 年，有 239 家企业公开发布社会责任报告进行全面披露，占 24.3%；429 家企业在财务信息报告中披露部分相关内容，占 43.7%；517 家企业通过媒体或企业自身网站等展示责任实践，占 52.7%；举办或参与社会责任相关内容的沟通交流活动的有 434 家企业，占 44.2%；有 129 家企业从未进行披露，占 13.1%；有 39 家企业选择其他方式（包括：政府相关网站、参与相关社会活动、杭州市企业社会责任暨发展和谐劳动关系工作小组、成立义工服务队），占 4.0%。未填写本题的企业有 14 家，占 1.4%。（图 3-6）

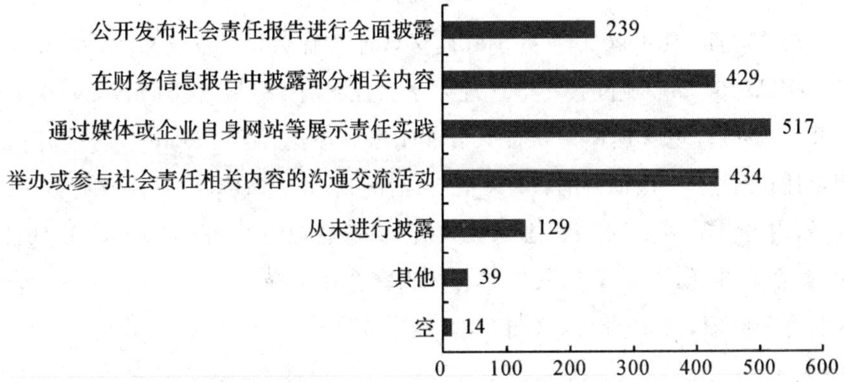

图 3-6　2014 年受调研企业社会责任信息披露的主要途径

3. 企业通过管理体系认证的情况

根据 2013 年对浙江企业调研取得的 641 份有效问卷统计，通过 ISO9000 系列国际质量认证共有 486 家企业选择，占 75.8%；通过 OHSAS18000 职业健康安全管理体系认证共有 212 家企业选择，占 33.1%；通过 ISO140000 环境管理体系认证共有 342 家企业选择，占 53.4%；通过其他认证共有 82 家企业选择，占 12.8%（包括：浙江省企业信用等级评价；ISO10012 测量管理体系认证；TS6949 质量管理体系；标准化良好行为，计量体系认证；ISO/TS16949 质量管理体系；标准化良好行为企业 AAA；CCC 强制认证；ICTI、FSC；ISO22000；GSP 认证；SGS 可持续发展审核）。未填写本题的企业有 113 家，占 17.6%。（图 3-7）

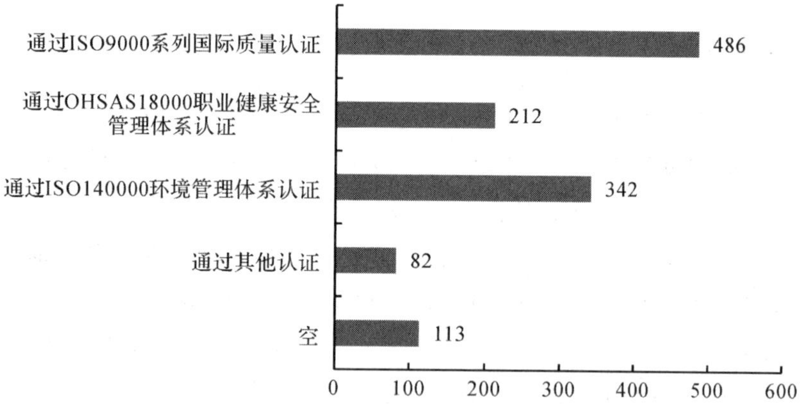

图 3-7　2013 年受调研企业获得管理体系认证情况

2014 年,通过 ISO9000 系列国际质量认证共有 693 家企业选择,占 70.6%;通过 OHSAS18000 职业健康安全管理体系认证共有 284 家企业选择,占 28.9%;通过 ISO14000 环境管理体系认证共有 481 家企业选择,占 49.0%;通过 SA8000 社会责任认证 CCC 认证共有 55 家企业选择,占 5.6%;CQC 认证共有 83 家企业选择,占 8.5%;中国环境标志认证共有 71 家企业选择,占 7.2%;UL 认证共有 62 家企业选择,占 6.3%;其他共有 211 家企业选择,占 21.5%。未填写本题的企业有 100 家,占 10.2%。(图 3-8)

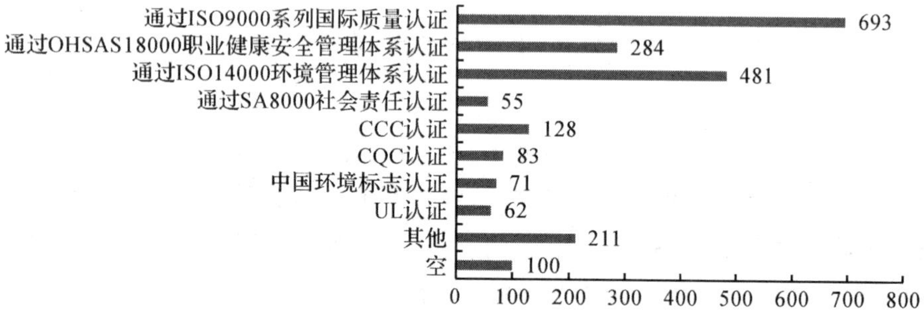

图 3-8　2014 年受调研企业获得管理体系认证情况

4. 企业履行社会责任的动机

根据 2013 年对浙江企业调研取得的 641 份有效问卷统计,迎合企业营销策略共有 199 家企业选择,占 31.0%;提升企业形象共有 533 家企业选择,占 83.2%;企业家个人情感共有 220 家企业选择,占 34.3%;塑造良好的企业文化共有 555 家企业选择，占 86.6%；增强员工凝聚力共有 523 家企业选择，占 81.6%；改善与利益相关者关系共有 271 家企业选择，占 42.3%；其他共有 6 家企业选择，占 0.9%（包括：每个企业与个人都有义务履行社会责任，回报社会；企业可持续发展；健康发展；反哺社会，促进社会和谐发展；增强企业可持续发展能力）。未填写本题的企业有 19 家，占 3.0%。（图 3-9）

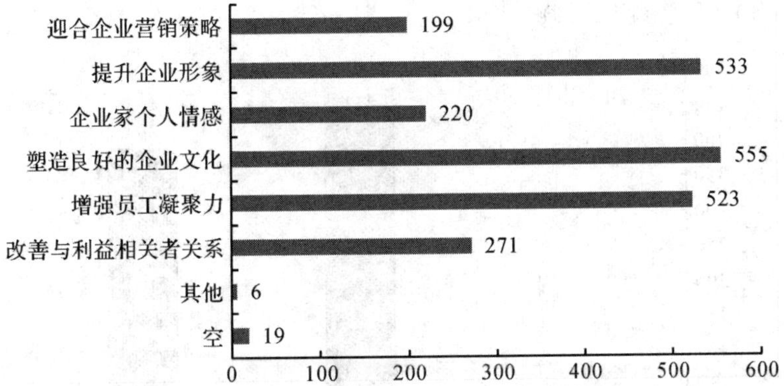

图 3-9　2013 年受调研企业履行社会责任的动机

社会责任在企业考核体系中的体现

2013 年，企业管理考核体系中的社会责任相关指标情况。环境保护指标共有 415 家企业选择，占 64.7%；员工权益和发展指标共有 415 家企业选择，占 64.7%；消费者权益指标共有 217 家企业选择，占 33.9%；供应链指标共有 204 家企业选择，占 31.8%；社区参与和发展指标共有 114 家企业选择，占 17.8%；其他共有 1 家企业选择，占 0.2%。未填写本题的企业有 102 家，占 15.9%。（图 3-10）

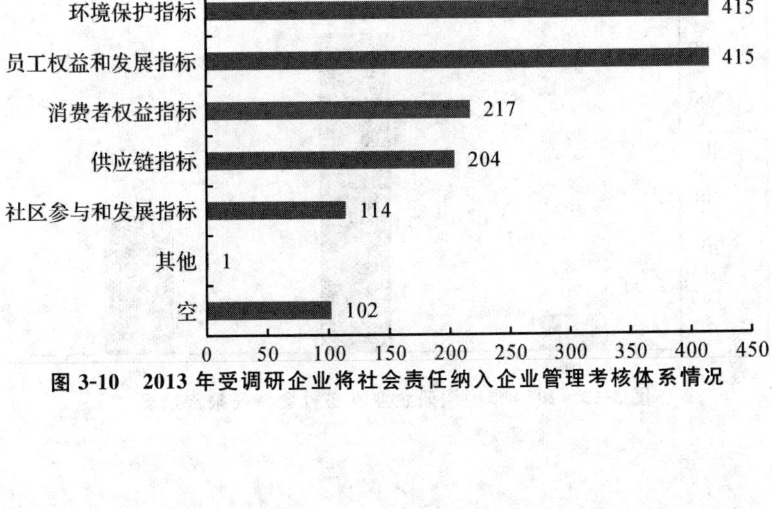

图 3-10　2013 年受调研企业将社会责任纳入企业管理考核体系情况

企业社会责任报告及工作机构

1. 社会责任管理机构设置情况

2014年,982家调研企业中只有44家有专职社会责任部门,占4.5%;共有431家由其他部门兼职负责,占43.9%;其余393家企业都无设置社会责任管理机构,占40.0%。(图3-11)

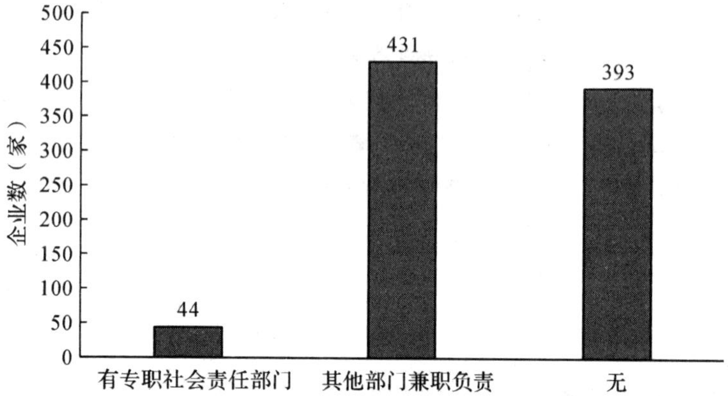

图3-11 2014年受调研企业设置社会责任管理机构情况

2. 发布社会责任报告情况

2014年调研982家企业中只有70家企业发布社会责任报告,占7.1%;共有638家企业未发布社会责任报告,占65.0%。未填写本题的企业有274家,占27.9%。(图3-12)

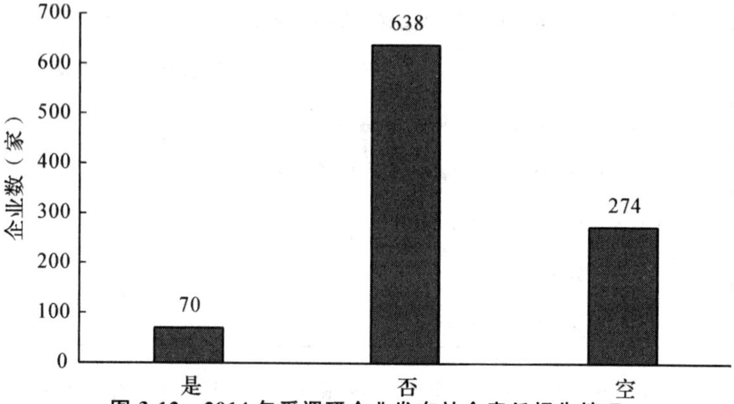

图3-12 2014年受调研企业发布社会责任报告情况

3. 企业社会责任信息披露途径

2013 年，企业社会责任信息披露的主要途径，有 101 家企业发布社会责任报告或可持续性发展报告，占 15.8%；298 家企业在自有媒介发布，占 46.5%；226 家企业在外部媒体发布，占 35.3%；290 家企业举办沟通交流会，占 45.2%；其他形式的有 11 家企业，占 1.7%（包括：公司官网；通过第三方验厂出具；慈善捐款；相关部门汇报；向各级政府报告企业社会责任信息；公司厂报；媒体及专刊）。未填写本题的企业有 125 家，占 19.5%。（图 3-13）

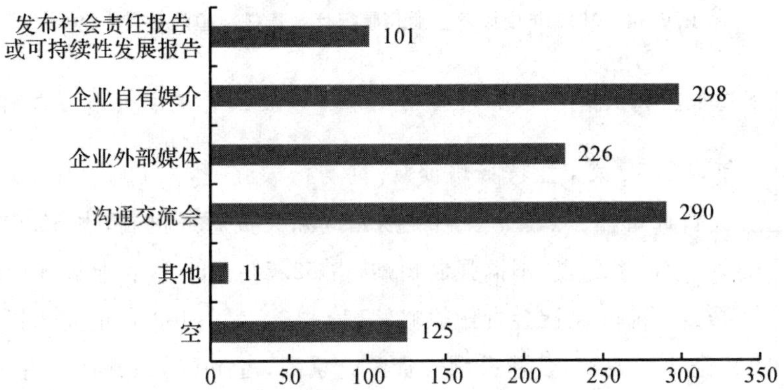

图 3-13 2013 年受调研企业社会责任信息披露途径

企业的期望

1. 为履行社会责任，企业的要求和期望

2013 年，调研企业反映最普遍的是需要税收、产业政策、人才引进等相关方面的政策调整。政策类：有 391 家企业选择产业政策，占 61.0%；税收政策共有 504 家企业选择，占 78.6%；融资政策共有 297 家企业选择，占 46.3%；土地政策共有 263 家企业选择，占 41.0%。技术类：责任培训共有 293 家企业选择，占 45.7%；人才引进共有 387 家企业选择，占 60.4%；咨询指导共有 289 家企业选择，占 45.1%；建立民营企业社会责任评价标准共有 141 家企业选择，占 22.0%；交流平台共有 296 家企业选择，占 46.2%。其他共有 0 家企业选择，占 0%。未填写本题的企业有 44 家，占 6.9%。（图 3-14）

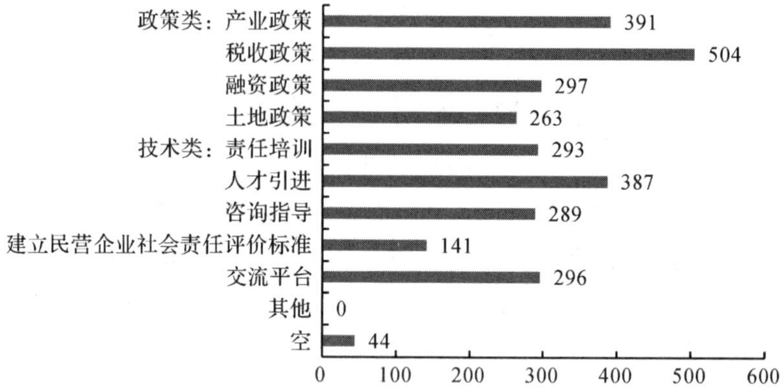

图 3-14　2013 年受调研企业为履行社会责任期望的政策支持

2. 企业希望相关部门采取哪些措施来帮助企业开展社会责任工作

2014 年，有 682 家企业选择培训、咨询与指导服务，占 69.5%；559 家企业选择制定、完善评价体系，建立表彰奖励先进和失责惩戒机制，占 56.9%；517 家企业选择鼓励依法尽责，不搞强制捐赠，占 52.7%；387 家企业选择引进专业机构人才，帮助企业开展社会责任战略管理，占 39.4%；403 家企业选择宣传优秀典型实践企业和人物，营造鼓励履责舆论氛围，占 41.0%；其他共有 10 家企业选择，占 1.0%。未填写本题的企业有 7 家，占 0.7%。（图 3-15）

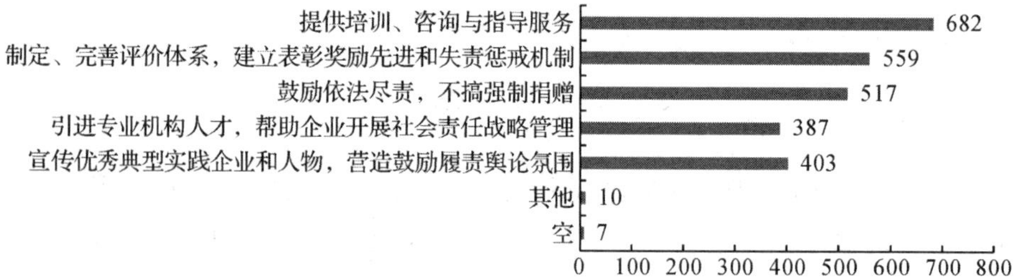

图 3-15　2014 年受调研企业期望在履行社会责任中获得的支持

三、浙商履行社会责任状况

根据 2013 年、2014 年企业社会责任调研情况，有代表性地展示了作为民营经济先锋的当代浙商履行企业社会责任的状况。总体来看，当代浙商在履行社会责任方面的所作所为，与其作为民营经济先锋是基本对应的。

企业对员工的社会责任

1. 签订劳动合同企业情况

签订劳动合同员工数量规模大多是100—1000人的企业。2013年和2014年签订劳动合同的员工数在100人以下的企业分别有269家和273家，占27.3%和27.8%；2013年和2014年签订劳动合同的员工数在100—1000人的企业分别有478家和484家，占48.7%和49.3%；2013年和2014年签订劳动合同的员工数在1000—10000人的企业分别有139家和138家，占14.2%和14.1%；2013年和2014年签订劳动合同的员工数在10000人以上的企业分别有13家和14家，占1.3%和1.4%。未填写本题的企业分别有83家和73家，占8.5%和7.4%。（图3-16）

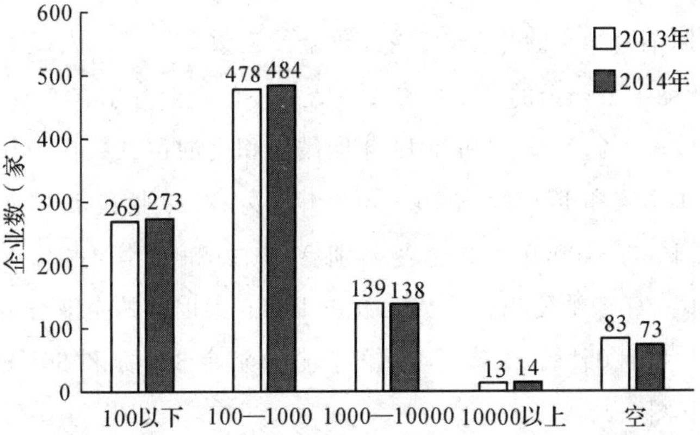

图3-16　2013年和2014年受调研企业与员工签约情况

2. 企业缴纳社保基金员工规模

多数企业缴纳社保员工数都在100—1000人的企业。2013年和2014年缴纳社保基金的员工数在100人以下的企业分别有327家和331家，占33.3%和33.7%；2013年和2014年缴纳社保基金的员工数在100—1000人的企业分别有453家和456家，占46.1%和46.4%；2013年和2014年缴纳社保基金的员工数在1000—10000人的企业分别有106家和107家，占10.8%和10.9%；2013年和2014年缴纳社保基金的员工数在10000人以上的企业分别有9家和10家，占0.9%和1.0%。未填写本题的企业分别有87家和78家，占8.9%和7.9%。（图3-17）

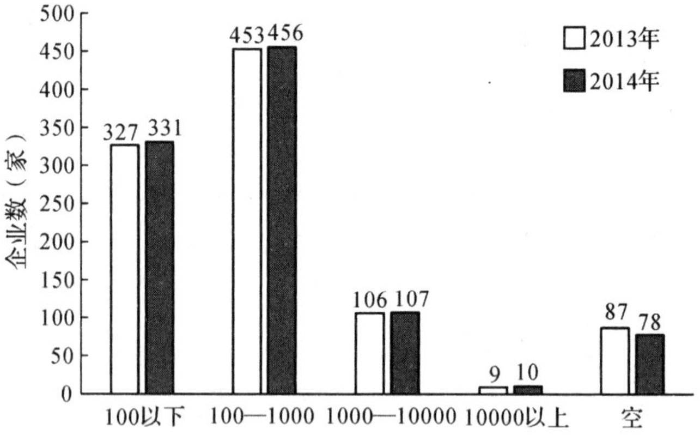

图3-17 2013年和2014年受调研企业为员工缴纳社保基金情况

3.缴纳公积金企业员工数分布

为员工缴纳公积金的企业,交纳公积金员工数多在100人以下企业。2013年和2014年缴纳公积金的员工数在100人以下的企业分别有388家和385家,占39.5%和39.2%;2013年和2014年缴纳公积金的员工数在100—1000人的企业分别有161家和174家,占16.4%和17.7%;2013年和2014年缴纳公积金的员工数在1000—10000人的企业分别有49家和50家,占5.0%和5.1%;2013年和2014年缴纳公积金的员工数在10000人以上的企业分别有4家和5家,占0.04%和0.05%。未填写本题的企业分别有380家和368家,占38.7%和37.5%。(图3-18)

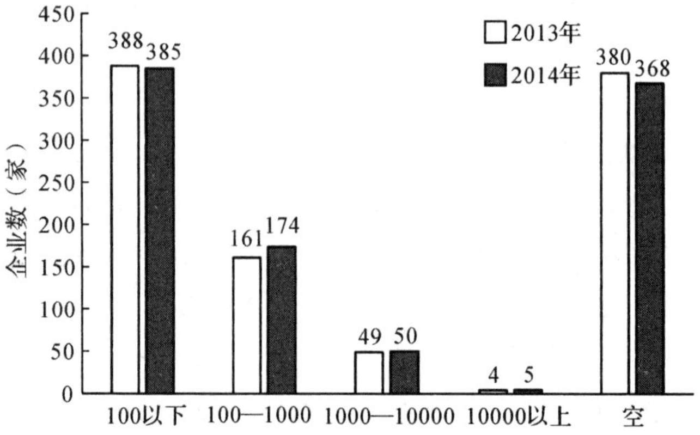

图3-18 2013年和2014年受调研企业为员工缴纳公积金情况

4. 员工培训工作力度

2013 年和 2014 年参加培训在 100 人以下的企业分别有 259 家和 246 家，占 26.4%和 25.1%；2013 年和 2014 年参加培训在 100—1000 人的企业分别有 289 家和 301 家，占 29.4%和 30.7%；2013 年和 2014 年参加培训在 1000—10000 人的企业分别有 138 家和 150 家，占 14.1%和 15.3%；2013 年和 2014 年参加培训在 10000 人以上的企业分别有 27 家和 28 家，占 2.7%和 2.9%。未填写本题的企业分别有 269 家和 257 家，占 27.4%和 26.2%。（图 3-19）

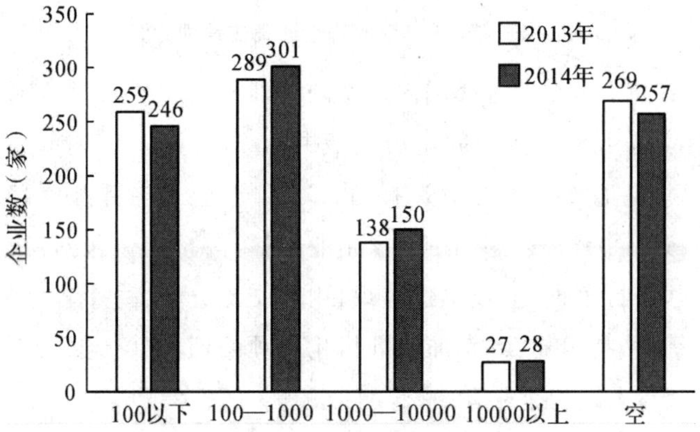

图 3-19　2013 年和 2014 年受调研企业培训员工情况

5. 培训方式

2013 年，有 375 家企业选择国内进修，占 58.5%；国外进修共有 63 家企业选择，占 9.8%；企业间学习交流共有 442 家企业选择，占 69.0%；企业外聘专家培训共有 431 家企业选择，占 67.2%；企业内部师资培训共有 459 家企业选择，占 71.6%；其他共有 3 家企业选择，占 0.5%；未填写本题的企业有 34 家，占 5.3%。（图 3-20）

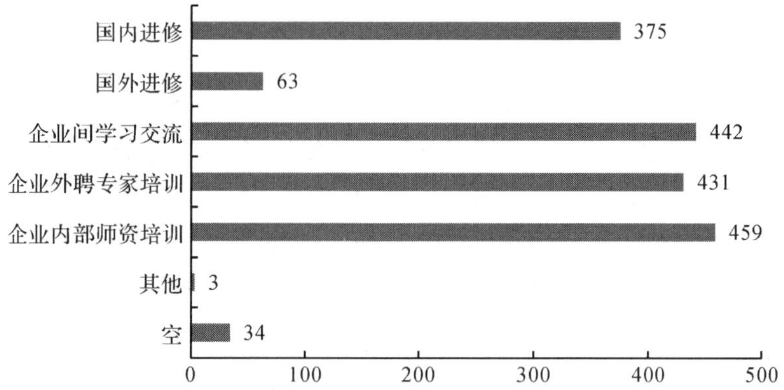

图 3-20　2013 年受调研企业员工培训方式

2014 年，有 507 家企业选择国内进修的培训方式，占 51.6%；国外进修共有 77 家企业选择，占 7.8%；企业间学习交流共有 712 家企业选择，占 72.5%；企业外聘专家培训共有 624 家企业选择，占 63.5%；企业内部师资培训共有 697 家企业选择，占 71.0%；其他共有 50 家企业选择，占 5.1%(包括：有资质的培训机构、外请老师进行培训、上级单位组织、内部交流分享、国外学习考察、国外参观学习、岗位练兵、技术比武、参加培训机构专项培训、部门组织的有关培训、内部培训)。未填写本题的企业有 8 家，占 0.8%。(图 3-21)

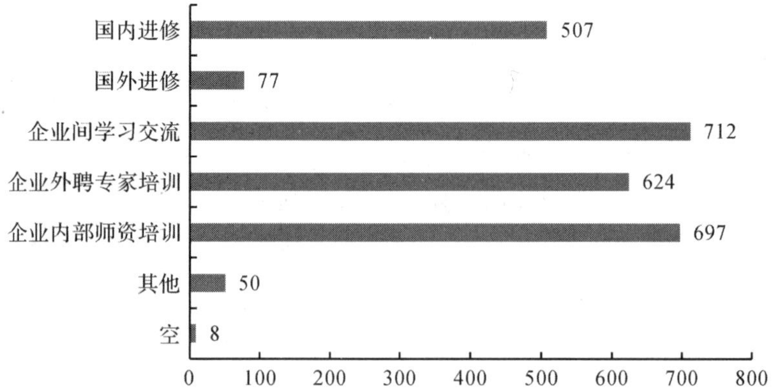

图 3-21　2014 年受调研企业员工培训方式

6. 培训内容

2014 年，企业培训的主要内容，岗位培训共有 926 家企业选择，占 94.3%；

技能培训共有 885 家企业选择，占 90.1%；学历培训共有 302 家企业选择，占 30.8%；职业健康知识共有 506 家企业选择，占 51.5%；安全生产培训共有 808 家企业选择，占 82.3%；企业文化培训共有 659 家企业选择，占 67.1%；环保培训共有 393 家企业选择，占 40.0%；其他共有 36 家企业选择，占 3.7%（包括：专项培训、职业培训、职业道德、法律规范、意外保险、交通安全培训、礼仪培训、管理培训、管理类培训、管理干部培训、法律知识培训、道德风险、合规培训）。未填写本题的企业有 5 家，占 0.5%。（图 3-22）

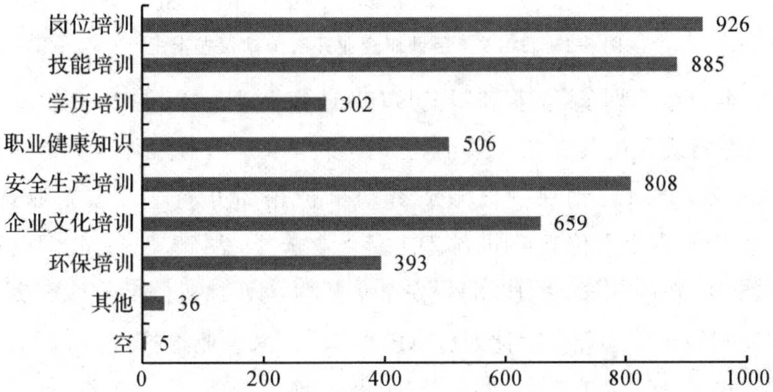

图 3-22　2014 年受调研企业员工培训内容

7. 企业在保障员工健康与安全方面采取的措施

2013 年，有 577 家企业提供劳动保护设施，占 90.0%；546 家企业开展健康与安全宣传教育，占 85.2%；有 81 家企业开展员工心理援助计划（EAP），占 12.6%；526 家企业安排员工体检，占 82.1%；还有 4 家企业采取其他措施（包括：增加安全防护措施，体检，安全培训等；企业医务室，医疗保险；安全管理制度；签订安全生产责任书；设备设施安全管控；车间工作环境监测等），占 0.6%。未填写本题的企业有 19 家，占 3.0%。（图 3-23）

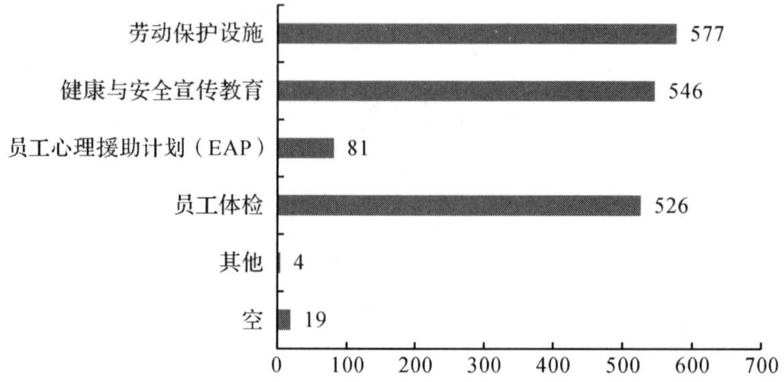

图 3-23 2013 年受调研企业开展劳动保护情况

2014 年,建立现场安全管理制度共有 864 家企业选择,占 88.0%;设置专职安全管理部门或人员共有 684 家企业选择,占 69.7%;健康体验共有 721 家企业选择,占 73.4%;劳动保护设施或劳动保护用品共有 782 家企业选择,占 79.6%;健康与安全宣传教育共有 710 家企业选择,占 72.3%;员工医疗室/医院共有 150 家企业选择,占 15.3%;安全事故应急处理机制共有 595 家企业选择,占 60.6%;员工心理援助计划(EAP)共有 81 家企业选择,占 8.2%;其他共有 16 家企业选择,占 1.6%(包括:培训、机器换人作业、定点工伤、补充保险)。未填写本题的企业有 10 家,占 1.0%。(图 3-24)

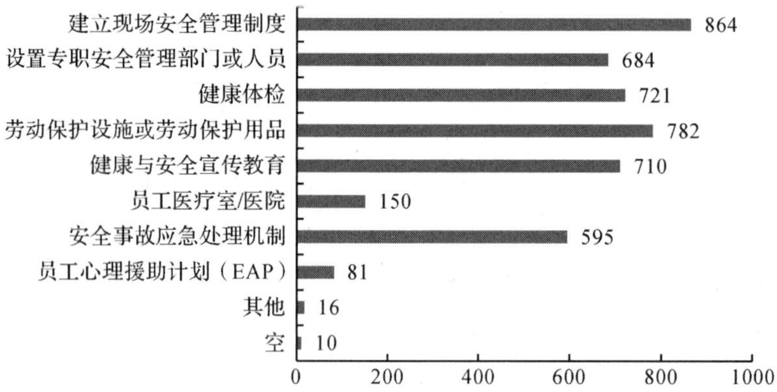

图 3-24 2014 年受调研企业开展劳动保护情况

8. 企业采取的多样化民主沟通渠道

2013 年,有 438 家企业选择职代会,占 68.3%;厂务公开共有 375 家企业选择，占 58.5%；面对面沟通共有 491 家企业选择，占 76.6%；自有媒介共有 192 家企业选择，占 30.0%；民主恳谈会共有 265 家企业选择，占 41.3%；领导信箱共有 351 家企业选择，占 54.8%；其他共有 12 家企业选择，占 1.9%（包括：年度会议；员工意见箱，满意度调查，投诉处理等；意见箱；合理化建议邮箱；总经理接待日、员工满意度调查、合理化建议等；总裁热线，工会主席工作室；QQ、微信；公司厂报；OA 平台、微信短信沟通）。未填写本题的企业有 22 家，占 3.4%。（图 3-25）

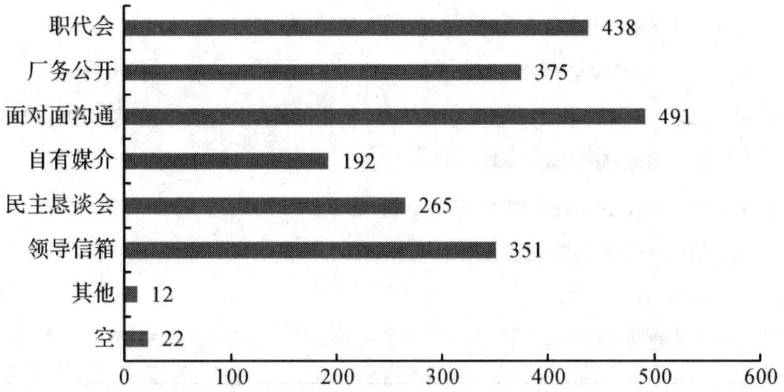

图 3-25　2013 年受调研企业内民主沟通情况

2014 年，有 736 家受调研企业选择党组织作为民主化管理组织，占 75.0%；工会共有 866 家企业选择，占 88.2%；团组织共有 522 家企业选择，占 53.2%；其他共有 115 家企业选择，占 11.7%（包括：知联会、义工、商会、企业科协、企业管理委员会、纪委、妇联、计生协会、关工委、妇委、妇女组织、妇联、关工委、编辑部、妇工委、妇代会、综治办、关工委）。未填写本题的企业有 23 家，占 2.3%。（图 3-26）

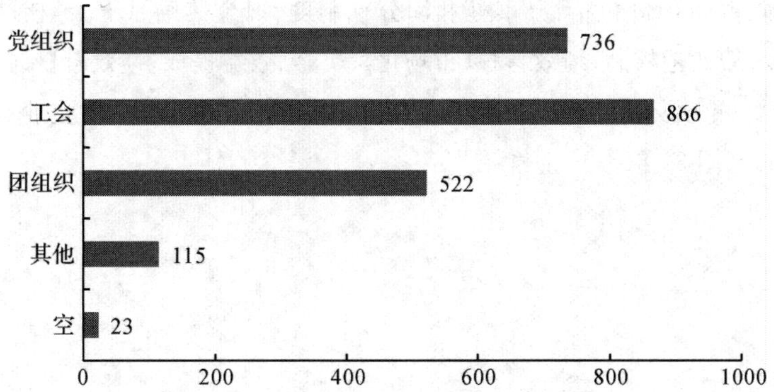

图 3-26　2014 年受调研企业内民主管理组织情况

2014年，有657家企业建立了职代会作为多样化民主沟通渠道，占66.9%；厂务公开共有566家企业选择，占57.6%；面对面沟通共有856家企业选择，占87.2%；自有媒介共有226家企业选择，占27.1%；民主恳谈会共有390家企业选择，占39.7%；领导信箱共有462家企业选择，占47.1%；其他共有37家企业选择，占3.8%（包括：意见箱、微信群、QQ群、网络邮箱、合理化建议、股东大会、部门例会）。未填写本题的企业有9家，占0.9%。（图3-27）

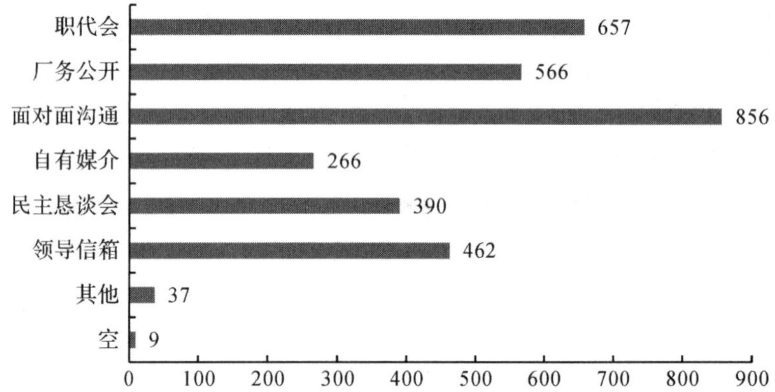

图3-27 2014年受调研企业内民主管理沟通情况

9.企业采取的薪酬激励方式

2013年，年薪制共有476家企业选择，占74.3%；加薪共有542家企业选择，占84.6%；经营者持股共有155家企业选择，占24.2%；激励基金共有108家企业选择，占16.9%；股票期权共有38家企业选择，占5.9%；其他共有19家企业选择，占3.0%[包括：办事处利润分享制度、现金奖励、KPI考核；年终奖、奖励制度；绩效考核制、绩效考核（市场化）；奖金、效益提成；绩效考核、目标考核奖；年终奖、专项奖；干股分红；市场化；福利制度]。未填写本题的企业有21家，占3.3%。（图3-28）

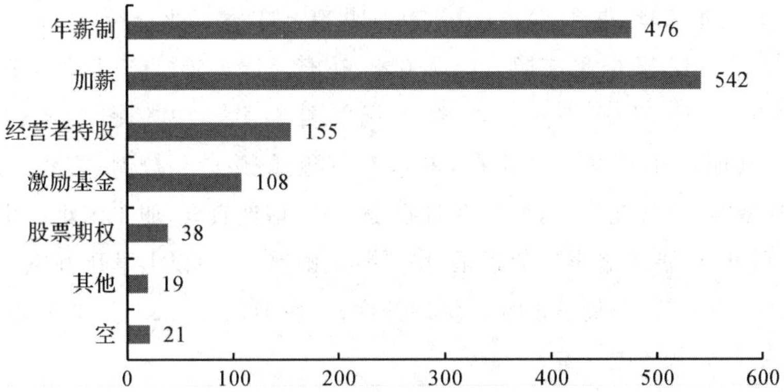

图 3-28　2013 年受调研企业薪酬激励情况

2014 年，共有 857 家企业选择加薪作为激励方式，占 87.3%；年薪制共有 625 家企业选择，占 63.7%；经营者持股共有 249 家企业选择，占 25.4%；激励基金共有 154 家企业选择，占 15.7%；股票期权共有 65 家企业选择，占 6.6%；其他共有 59 家企业选择，占 6.0%（包括：职工持股、员工福利房、配车、身股、年末送红包、奖金、绩效考核）。未填写本题的企业有 5 家，占 0.5%。（图 3-29）

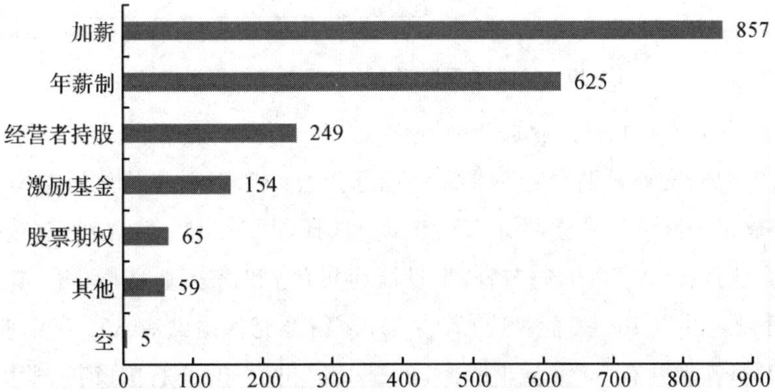

图 3-29　2014 年受调研企业薪酬激励情况

10. 企业为员工提供的福利措施

2013 年，企业为员工提供健康体检的有 489 家企业选择，占 76.3%；班车或交通补贴共有 375 家企业选择，占 58.5%；食堂或餐补共有 548 家企业选择，占 85.5%；宿舍或住房补贴共有 445 家企业选择，占 69.4%；企业年金共有175家企业选择,占27.3%;通讯补贴共有481家企业选择,占75.0%;学历教育共有237家企业选择,占37.0%;补充保险共有163家企业选择,占25.4%;节假日、生日等重大事件庆祝类补贴共有369家企业选择,占57.6%;其他共有17家企业选择,占2.7%(包括:旅游积分制;旅游及文体活动;生日蛋糕,节日礼品等;职工健身娱乐中心;培训教育;职工困难补助、离休人员特别补助;员工之家生活娱乐设施等;工龄奖;高中以上学历补贴;子女上学、亲属大病慰问、每周三次预约保健按摩;季度劳保)。未填写本题的企业有10家,占1.6%。(图3-30)

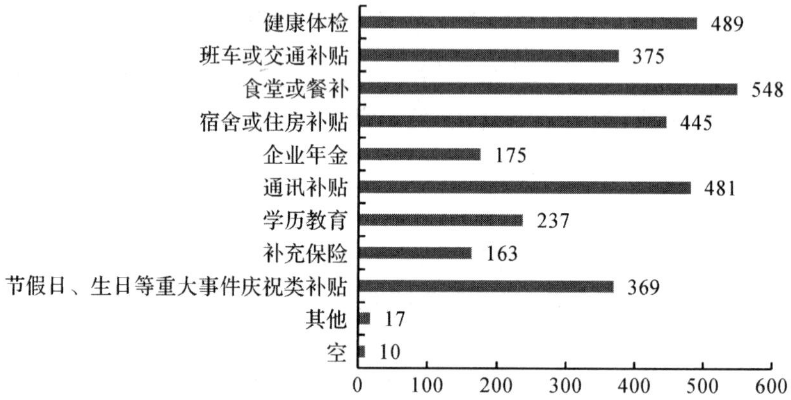

图3-30 2013年受调研企业为员工提供福利情况

2014年,有414家企业选择企业年金,占42.2%;宿舍共有710家企业选择,占72.3%;交通补贴共有548家企业选择,占55.8%;集体旅游共有636家企业选择,占64.8%;食堂共有756家企业选择,占77.0%;降温费、取暖费共有549家企业选择,占55.9%;节日、生日福利共有729家企业选择,占74.2%;文化、体育设施共有464家企业选择,占47.3%;补充保险共有303家企业选择,占30.9%;其他共有50家企业选择,占5.1%(包括:赠送通信设备、学历教育、通讯补贴等、五险一金、通讯费补贴、体检、实物福利、生活补贴、脱产学习、年休假、免费培训、困难补助、加班补助、伙食补贴、购房补贴、工龄工资、工会补贴、高温补贴、父母感恩补贴、扶贫救济、餐贴)。未填写本题的企业有5家,占0.5%。(图3-31)

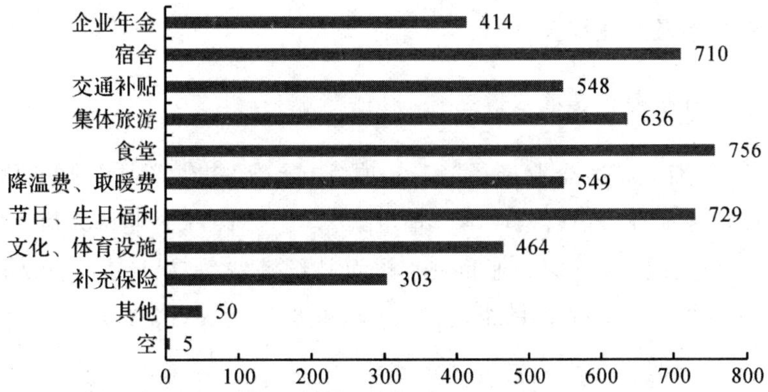

图 3-31 2014 年受调研企业为员工提供福利情况

11. 企业关爱员工活动情况

2014 年，有 623 家企业设立员工活动中心作为关爱员工方式，占 63.4%；开展员工文化娱乐活动共有 796 家企业选择，占 81.1%；帮扶困难员工共有 832 家企业选择，占 84.7%；关注员工及家属身心健康共有 746 家企业选择，占 76.0%；其他共有 38 家企业选择，占 3.9%（包括：职业体检、慰问、探望生病或生育员工、生日慰问等、内刊、网站论坛、开设心理健康咨询热线、父母关爱金）。未填写本题的企业有 8 家，占 0.8%。（图 3-32）

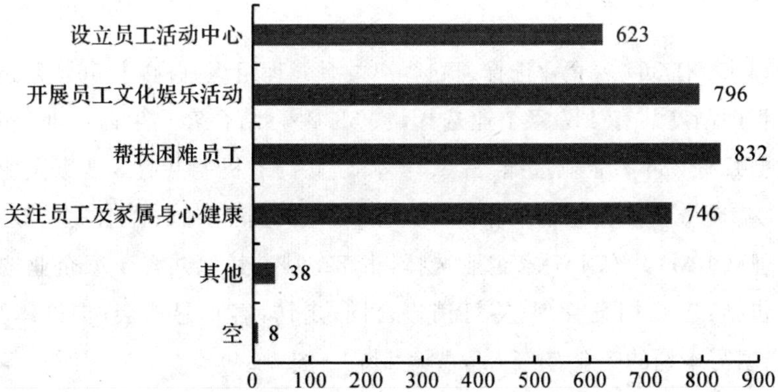

图 3-32 2014 年受调研企业关爱员工活动情况

客户关系及产业链关系

1. 产品与服务信息披露情况

2013年,有559家企业选择"完整、真实、准确"提供产品与服务信息,占87.2%;333家企业考虑营销成本合理,占52.0%;315家企业认为信息发布渠道通畅,占49.1%;201家企业重视促进可持续消费(如引导客户购买环保产品),占31.4%,未填写本题的企业有43家,占6.7%。(图3-33)

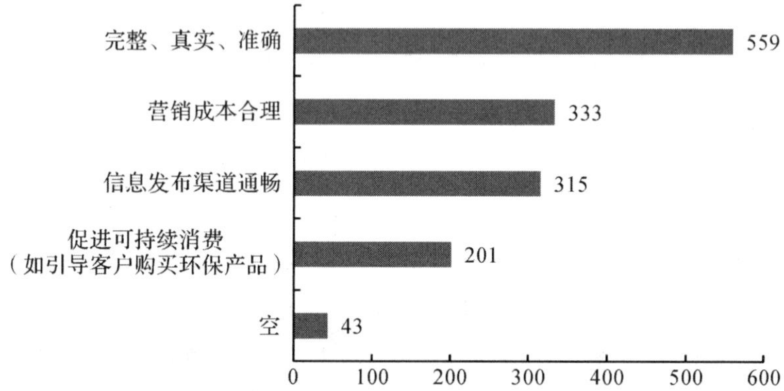

图3-33 2013年受调研企业产品及服务信息披露情况

2. 客户关系管理措施

2013年,有364家企业选择建立客户关系管理组织机构,占56.8%;建立客户关系管理制度共有437家企业选择,占68.2%;结合客户生命周期有效搜集客户数据共有236家企业选择,占36.8%;建立沟通机制共有393家企业选择,占61.3%;建立客户信息档案并保密共有461家企业选择,占71.9%;导入客户关系管理(CRM)共有147家企业选择,占22.9%;其他共有4家企业选择,占0.6%(包括:客户档案管理;签订销售合同;走访,客户恳谈会;提供体验式服务)。未填写本题的企业有41家,占6.4%。(图3-34)

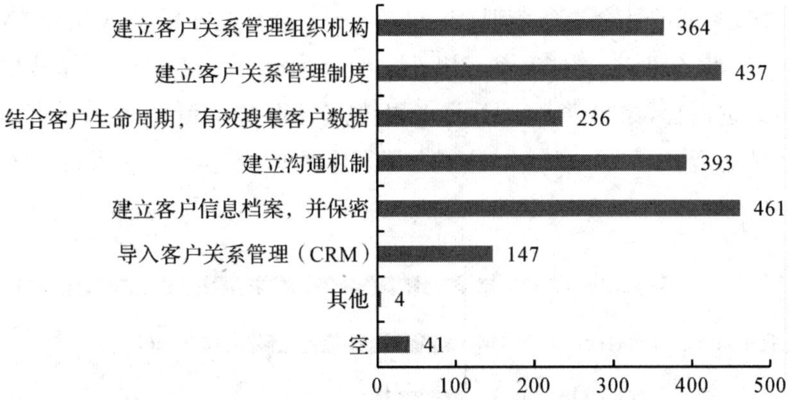

图 3-34　2013 年受调研企业客户关系管理措施

2014 年，有 636 家企业已经建立客户关系管理组织，占 64.8%；实施投诉响应与处理措施共有 711 家企业选择，占 72.4%；建立沟通机制共有 683 家企业选择，占 69.6%；建立客户信息档案并保密共有 745 家企业选择，占 75.9%；导入客户关系管理(CRM)共有 237 家企业选择，占 24.1%；客户满意度调查共有 614 家企业选择，占 62.5%；其他共有 26 家企业选择，占 2.7%（包括：组建微信交流群；区域客户交流；年度旅游；送货上门和客诉服务；售后回访；各类交流会议）。未填写本题的企业有 16 家，占 1.6%。（图 3-35）

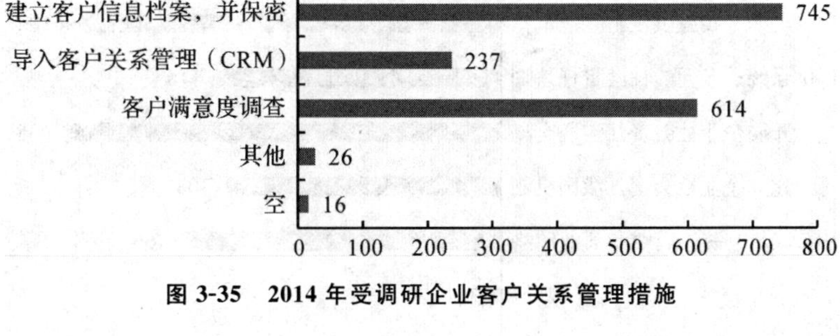

图 3-35　2014 年受调研企业客户关系管理措施

3. 提升供应链社会责任水平采取的措施

2013 年，有 370 家企业实施供应链企业审核措施，占 57.7%；262 家企业提供系统、多元的社会责任培训,占40.9%;95家企业开展CSR沟通交流,占14.8%;58家企业建立CSR激励机制,占9.1%;有4家企业选择其他措施(包括:改进流程,控制成本,加快资金周转;建立供应链信息化系统;开展供应商及经销商帮扶提升),占0.6%。未填写本题的企业有149家,占23.2%。(图3-36)

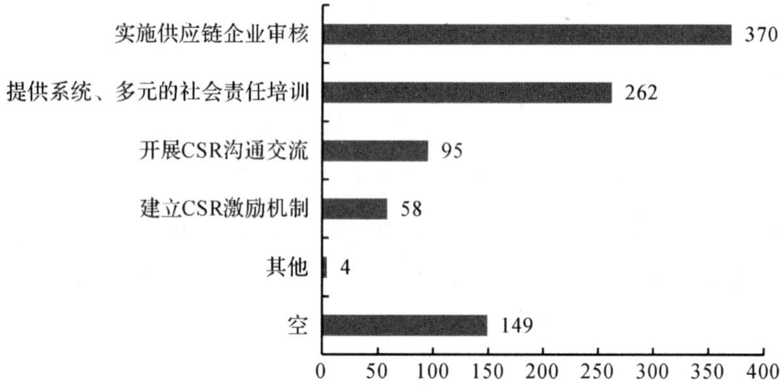

图3-36 2013年受调研企业提升供应链社会责任水平措施

2014年,有618家调查企业实施供应链企业审核,占62.9%;提供系统、多元社会责任培训的有416家企业,占42.4%;开展企业社会责任沟通交流的有638家企业,占65.0%;建立企业社会责任激励机制的有403家企业,占41.0%;防治腐败和商业贿赂的有466家企业,占47.5%;有44家企业采取其他措施,占4.5%。未填写本题的企业有27家,占2.8%。(图3-37)

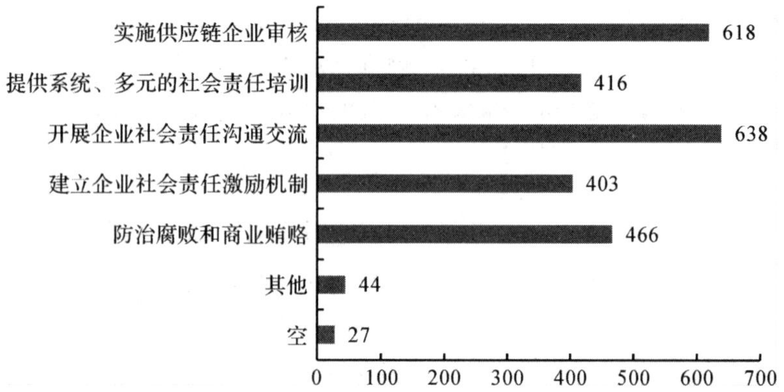

图3-37 2014年受调研企业提升供应链社会责任水平措施

4. 企业通过哪些途径实现与供应链企业共赢发展

2013 年，390 家企业选择资源共享，占 60.8%；369 家企业选择技术支持，占 57.6%；343 家企业选择培训交流，占 53.5%；439 家企业选择企业互访，占 68.5%；有 178 家企业选择资金支持，占 27.8%；258 家企业选择项目对接，占 40.3%；196 家企业选择人才支持，占 30.6%；有 5 家企业选择其他措施（包括：信息的收集，采购计划的编制发布；加强供应链合作，正确处理与供应链上合作伙伴的博弈关系；建立战略合作伙伴关系；开展供应商及经销商帮扶提升；产融结合），占 0.8%。未填写本题的企业有 66 家，占 10.3%。（图 3-38）

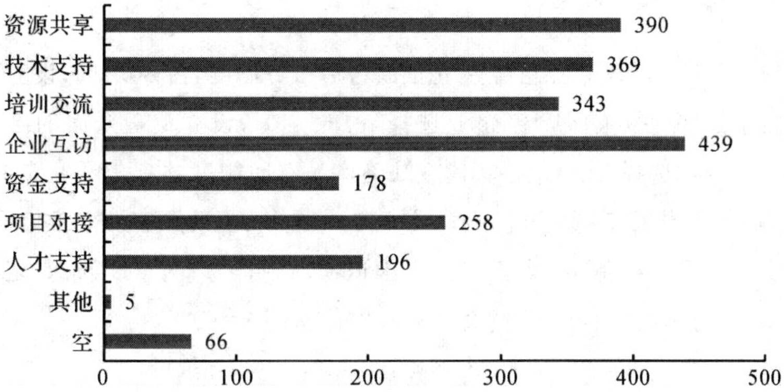

图 3-38　2013 年受调研企业实现供应链共赢途径

2014 年，有 709 家企业为供应链企业提供技术支持，占 72.2%；开展培训交流的有 660 家企业，占 67.2%；进行资源共享的有 609 家企业，占 62.0%；提供资金支持的有 383 家企业，占 39.0%；进行项目对接的有 519 家企业，占 52.9%；人才支持共有 396 家企业选择，占 40.3%；其他共有 41 家企业选择，占 4.2%（包括联合开发）。未填写本题的企业有 16 家，占 1.6%。（图 3-39）

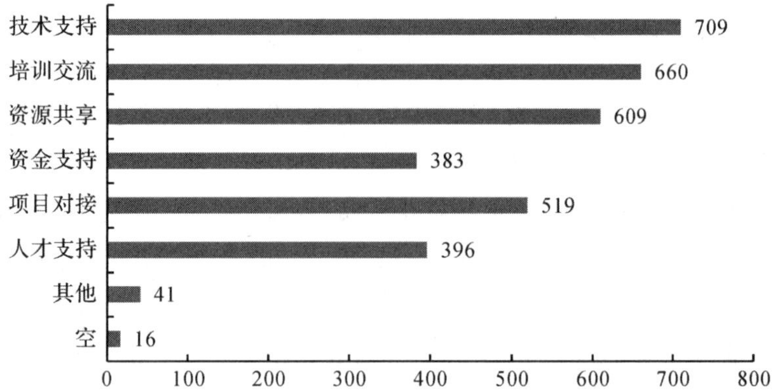

图3-39 2014年受调研企业实现供应链共赢的途径

5.关于售后保障措施

2014年，有787家企业已经建立全面售后服务制度，占80.1%；设立专门的产品售后服务部门共有642家企业选择，占65.4%；设立覆盖全面的维修网点共有210家企业选择，占21.4%；建立缺陷产品召回制度共有409家企业选择，占41.7%；其他共有70家企业选择，占7.1%（包括：主要顾客设立维修服务点；远程技术支持及上门服务；实行产品无因退换原则；客户满意度回访，定期客户回访）。未填写本题的企业有22家，占2.2%。（图3-40）

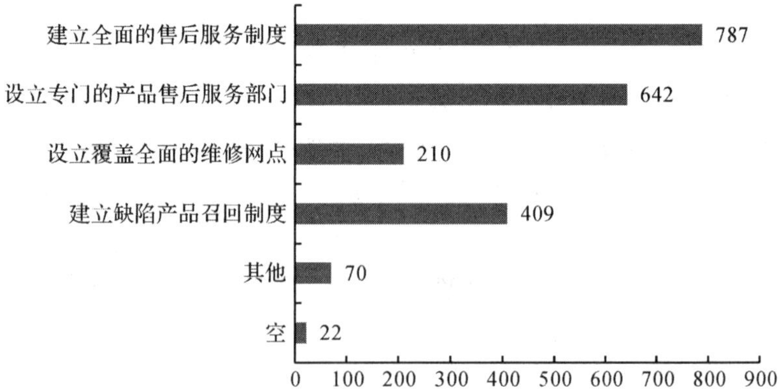

图3-40 2014年受调研企业售后保障措施情况

6. 企业从社会责任角度选择供应商时考虑的因素

2014年，有905家受调查企业看重产品质量与价格，占92.2%；有819家企业选择公平竞争不搞商业贿赂，占83.4%；有636家企业考虑员工权益与发展，占64.8%；选择节能减排与环境保护的有752家企业，占76.6%；选择参与公益慈善活动的有520家企业，占53.0%。未填写本题的企业有15家，占1.5%。（图3-41）

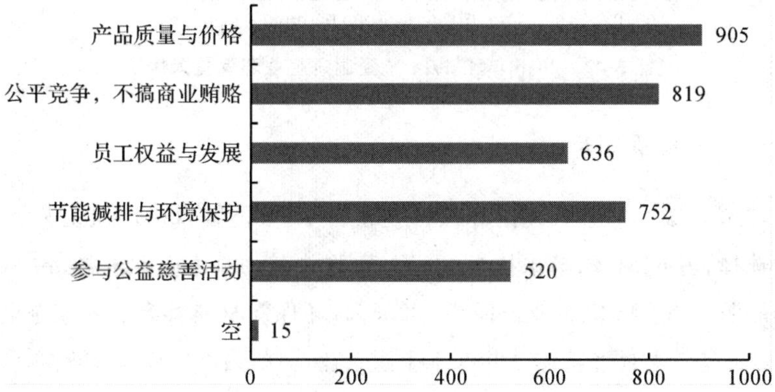

图3-41 2014年受调研企业选择供应商时考虑的因素

环境保护

1. 环保投入情况

2013年和2014年环保投入在10万以下的企业分别有140家和120家，占14.3%和12.2%；2013年和2014年环保投入在10万—100万的企业分别有175家和187家，占17.8%和19.0%；2013年和2014年环保投入在100万—1000万的企业分别有138家和157家，占14.1%和16.0%；2013年和2014年环保投入在1000万以上的企业分别有36家和39家，占3.7%和4.0%；未填写本题的企业分别有493家和479家，占50.2%和48.8%。（图3-42）

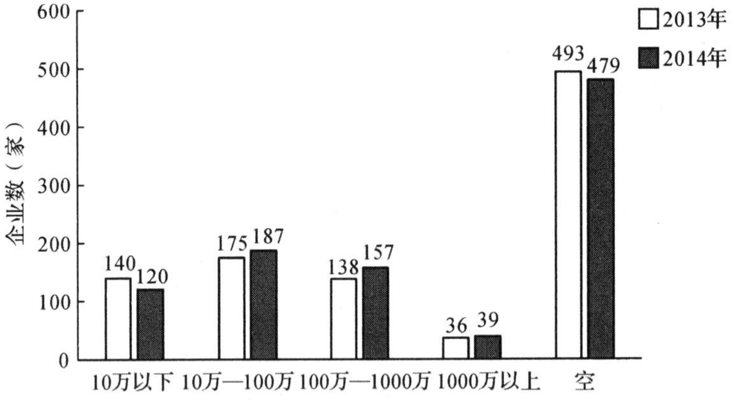

图3-42　2013年和2014年受调研企业环保投入情况

2.环保科技项目开发

2013年受调研企业开发的环保科技项目中,节能技术、设备、工艺共有411家企业选择,占64.1%;节水技术、设备、公益共有197家企业选择,占30.7%;环保新能源共有145家企业选择,占22.6%;环保新材料共有208家企业选择,占32.5%;高效循环经济体系共有141家企业选择,占22.0%;污染物高效治理共有120家企业选择,占18.7%;污染物综合利用共有121家企业选择,占18.9%;其他共有3家企业选择,占0.5%(包括能源检测管理系统、文化产业、采购环保原材料)。未填写本题的企业有136家,占21.2%。(图3-43)

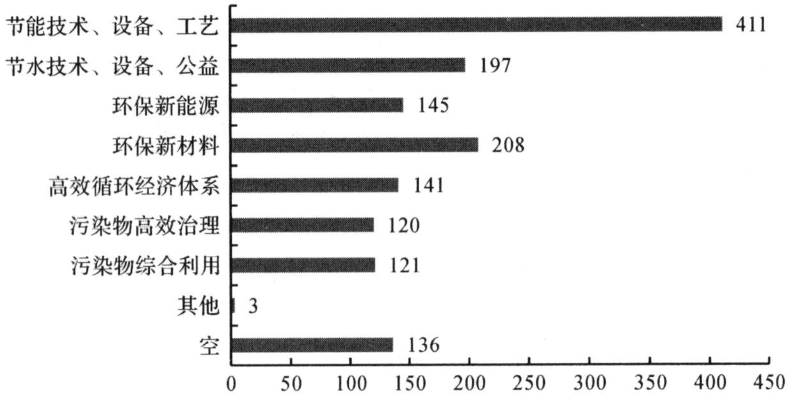

图3-43　2013年受调研企业环保科技开发情况

3.清洁生产措施

2013年受调研企业制定并实施节能减排计划共有434家企业选择，占67.7%；采用易回收、易拆解、易降解的原材料和设计方案共有218家企业选择，占34.0%；对资源能源消耗状况进行监控和分析共有270家企业选择，占42.1%；对资源能源进行分类、梯级利用共有183家企业选择，占28.6%；开发、引进节能技术、工艺、设备、设施共有346家企业选择，占54.0%；对"三废"进行综合利用共有231家企业选择，占36.0%；其他共有2家企业选择，占0.3%(包括通过清洁生产认证、6S生产现场管理)。未填写本题的企业有91家，占14.2%。(图3-44)

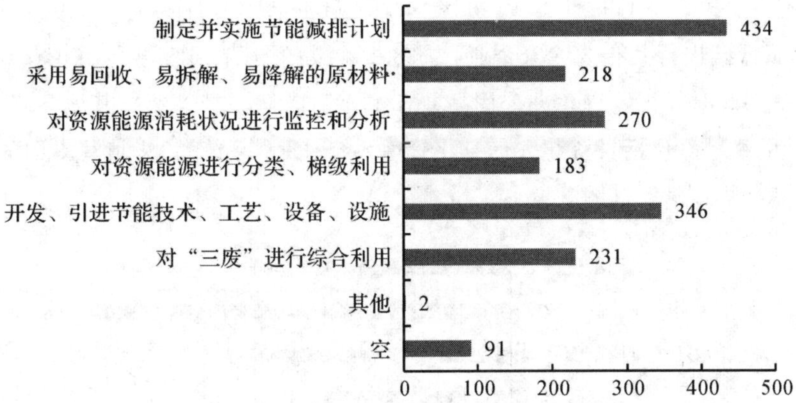

图3-44　2013年受调研企业清洁生产措施

4.绿色办公措施

2013年受调研企业制定的绿色办公措施中，使用节能设备共有512家企业选择，占80.0%；无纸化办公共有312家企业选择，占48.7%；物耗水耗能耗定额管理共有257家企业选择，占40.1%；低碳出行共有263家企业选择，占41.0%；其他共有1家企业选择，占0.2%(包括：禁烟)。未填写本题的企业有53家，占8.3%。(图3-45)

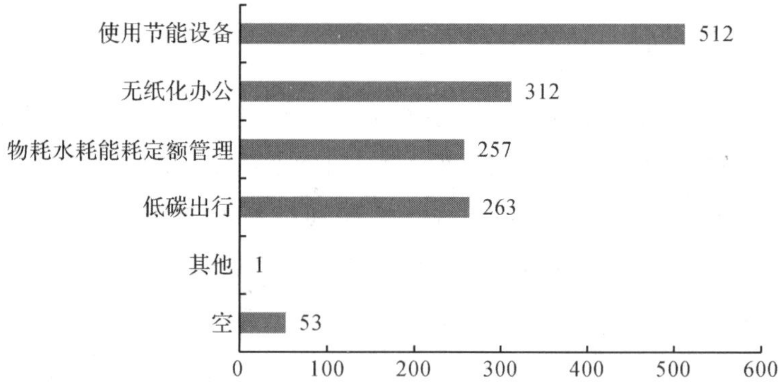

图 3-45 2013年受调研企业开展绿色办公情况

2014年,实行无纸化办公企业有404家企业,占41.1%;采用节能设备、设施共有798家企业,占81.3%;物耗、水耗、能耗定额管理共有543家企业,占55.3%;低碳出行共有375家企业,占38.2%;办公用品回收再利用共有617家企业,占62.8%;采购绿色办公用品共有493家企业,占50.2%;其他共有21家企业,占2.1%(包括投资建立信息化管理系统、ERP系统)。未填写本题的企业有14家,占1.4%。(图3-46)

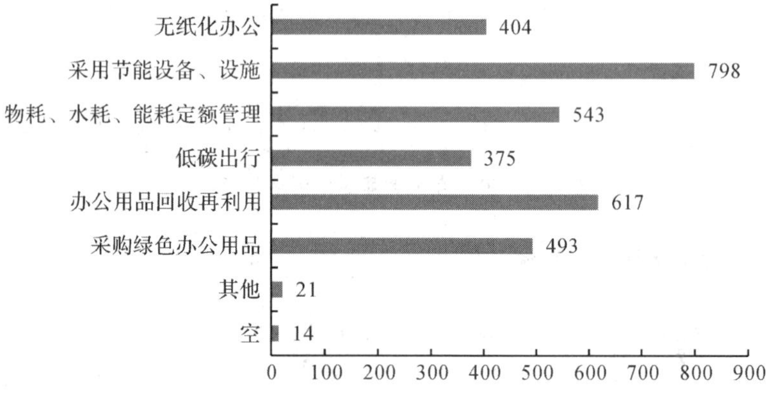

图 3-46 2014年受调研企业绿色办公情况

5.企业采取的节能减排措施

2014年,有429家企业使用可再生能源,开发利用新能源,占43.7%;采用易回收、易拆解、易降解的材料和设计方案共有477家企业,占48.6%;对资源能源消耗状况进行监控和分析共有514家企业,占52.3%;对资源能源进行分类、梯级利用共有368家企业，占37.5%；开发、引进节能技术、工艺、设备、设施共有619家企业，占63.0%；实行废物综合利用共有465家企业，占47.4%；其他共有39家企业，占4.0%(包括综合利用资源减排、外贸业污染较少)。未填写本题的企业有21家，占2.1%。(图3-47)

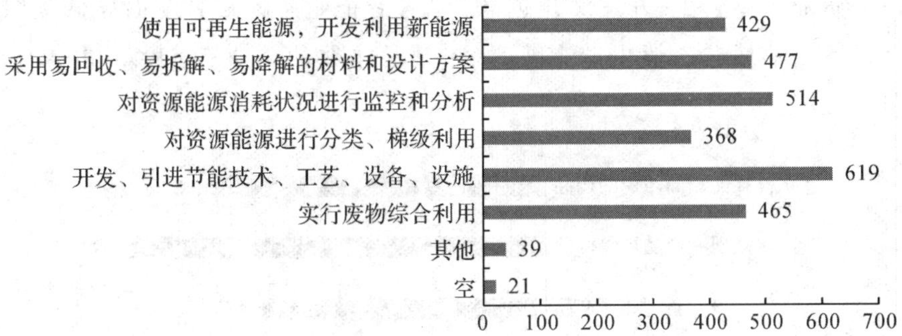

图3-47　2014年受调研企业节能减排情况

6.产业结构调整

2013年，从受调研企业在产业结构调整方面做了哪些努力来看，淘汰高能耗、高污染的产品共有343家企业选择，占53.5%；提高现有产品环保性能共有408家企业选择，占63.7%；研发新型环保产品共有287家企业选择，占44.8%；转向投资低污染、低能耗产业共有216家企业选择，占33.7%。未填写本题的企业有86家，占13.42%。(图3-48)

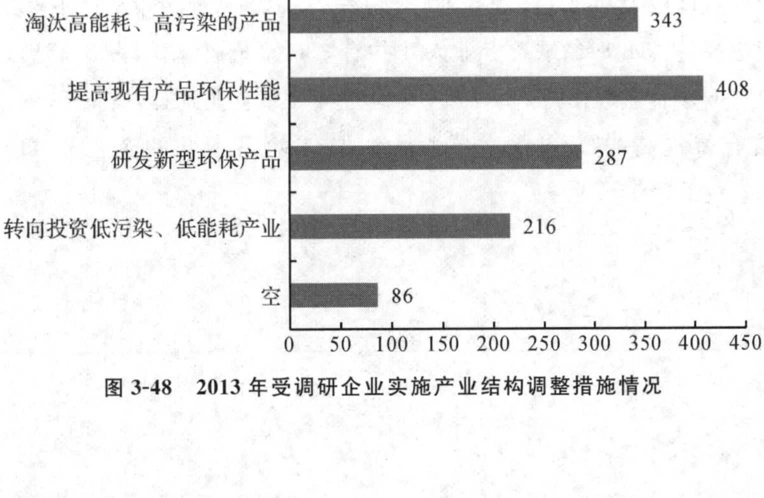

图3-48　2013年受调研企业实施产业结构调整措施情况

2014年,有576家企业开展淘汰高耗能、高污染产品,占58.7%;提高现有产品环保性能共有692家企业,占70.5%;研发新型环保产品共有470家企业,占47.9%;转向投资低污染、低耗能产业共有350家企业,占35.6%;82家企业采取其他措施,占8.3%(包括:由制造业向服务业转型;引进低耗设备;外贸业污染较少;开发文化创意产品;借企业品牌知名度倡导低碳绿色生活;本企业属非工业生产企业)。未填写本题的企业有41家,占4.2%。(图3-49)

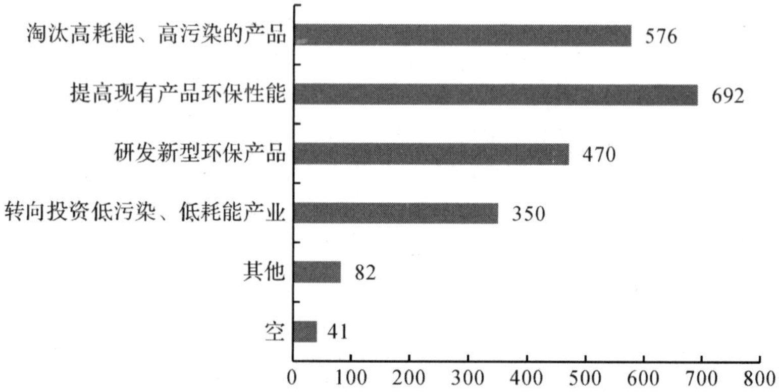

图3-49 2014年受调研企业实施产业结构调整措施情况

7.企业环保护工作遇到的主要问题

2013年受调研企业表示缺乏技术支持共有298家企业选择,占46.5%;产学研合作难度较大共有146家企业选择,占22.8%;政府政策支持不够共有223家企业选择,占34.8%;缺乏专业人才共有330家企业选择,占51.5%;资金短缺共有186家企业选择,占29.0%;其他共有3家企业选择,占0.5%(包括:职工素质有待提高;缺乏土地;土地制约)。未填写本题的企业有115家,占17.9%。(图3-50)

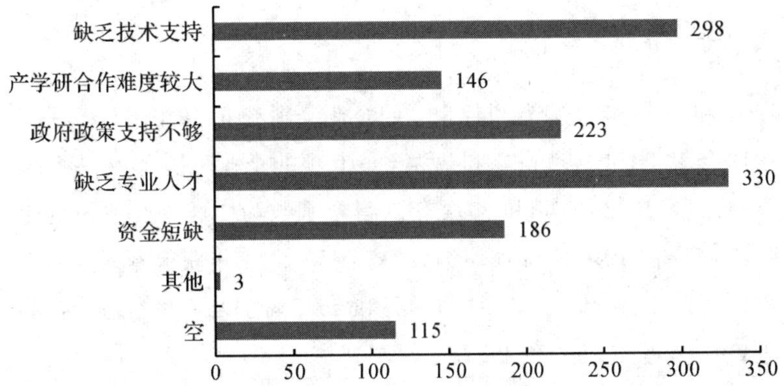

图 3-50　2013 年受调研企业环保工作遇到的主要困难

科技发展

1. 研发投入

2013 年和 2014 年研发投入在 100 万元以下的企业分别有 154 家和 148 家，占 15.7%和 15.1%；2013 年和 2014 年研发投入在 100 万—1000 万元的企业分别有 258 家和 253 家，占 26.3%和 25.8%；2013 年和 2014 年研发投入在 1000 万—1 亿元的企业分别有 160 家和 173 家，占 16.3%和 17.6%；2013 年和 2014 年研发投入在 1 亿元以上的企业分别有 27 家和 31 家，占 2.7%和 3.2%；未填写本题的企业分别有 383 家和 377 家，占 39.0%和 38.4%。(图 3-51)

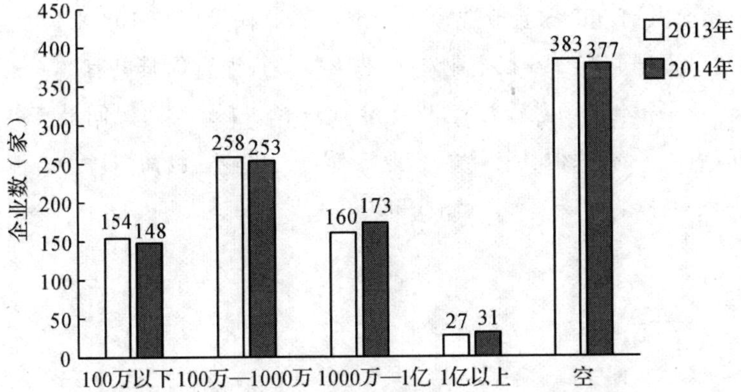

图 3-51　2013 年和 2014 年受调研企业研发投入情况

2. 获得专利情况

2013 年和 2014 年获得专利数为 0 的企业分别有 65 家和 72 家,占 6.6%和 7.3%;2013 年和 2014 年获得专利数为 1—10 项的企业分别有 243 家和 238 家,占 24.7%和 24.3%;2013 年和 2014 年获得专利数为 10—100 项的企业分别有 193 家和 198 家,占 19.7%和 20.1%;2013 年和 2014 年获得专利数为 100 项以上的企业分别有 21 家和 25 家,占 21.4%和 25.5%。未填写本题的企业分别有 460 家和 449 家,占 46.8%和 45.7%。(图 3-52)

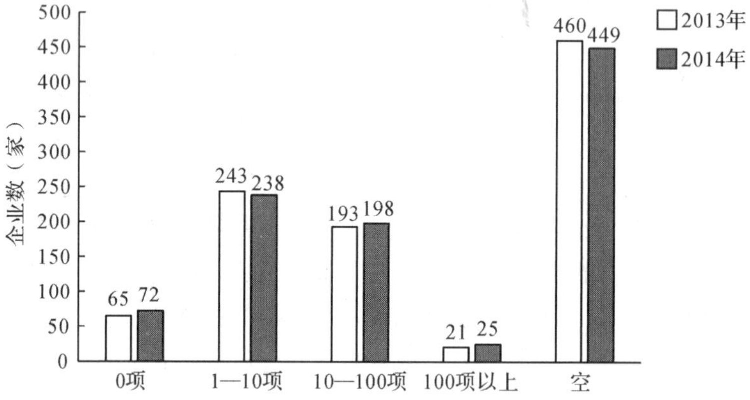

图 3-52 2013 年和 2014 年受调研企业获得专利情况

3. 2013 年企业进行科技开发的资金来源

自有资金共有 553 家企业选择,占 86.3%;股权投资有 108 家企业选择,占 16.8%;政府资助共有 176 家企业选择,占 27.5%;银行借贷共有 274 家企业选择,占 42.7%;资本市场融资共有 32 家企业选择,占 5.0%;民间借贷共有 9 家企业选择,占 1.4%;其他共有 2 家企业选择,占 0.3%(包括:自筹)。未填写本题的企业有 68 家,占 10.6%。(图 3-53)

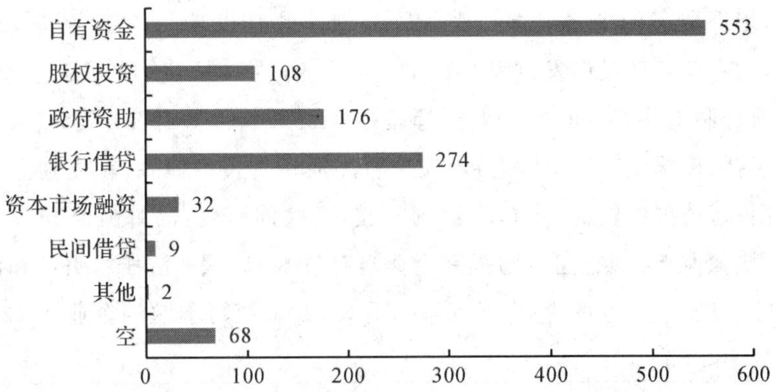

图 3-53　2013 年受调研企业科技开发资金来源情况

4.2013 年企业产品科技开发方式

自主开发与研制共有 487 家企业选择，占 76.0%；产学研合作共有 266 家企业选择，占 41.5%；模仿共有 26 家企业选择，占 4.1%；引进技术共有 295 家企业选择，占 46.0%；引进人才共有 348 家企业选择，占 54.3%；并购企业共有 42 家企业选择，占 6.6%；企业合资共有 45 家企业选择，占 7.0%；其他共有 0 家企业选择，占 0%。未填写本题的企业有 88 家，占 13.7%。（图 3-54）

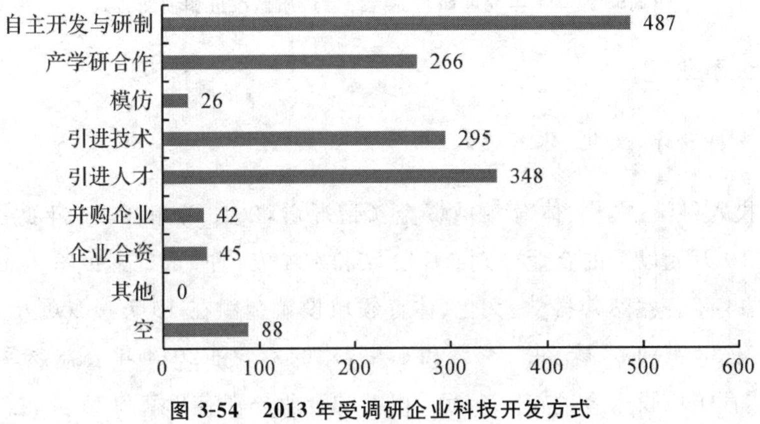

图 3-54　2013 年受调研企业科技开发方式

5.促进产品质量改进和创新方面

2014 年，有 762 家企业选择领导对产品改进和技术创新有效引导，占

77.6%;培训员工的业务技能、激励员工创新热情共有872家企业选择,占88.8%;顾客参与产品研发过程共有411家企业选择,占41.9%;实施企业自我评价和改进制度共有690家企业选择,占70.3%;其他共有43家企业选择,占4.4%(包括:市场调查客户满意度;实施首席质量官授权模式;设立独立的质量监管部门;聘请国外资深专家,引进国外技术,共同研发;品牌战略与零缺陷战略;内部质量奖罚机制;建设与提高企业自有技术创新平台;技术引进和设备引进和人才引进;第三方评价;产学研联合开发)。未填写本题的企业有12家,占1.2%。(图3-55)

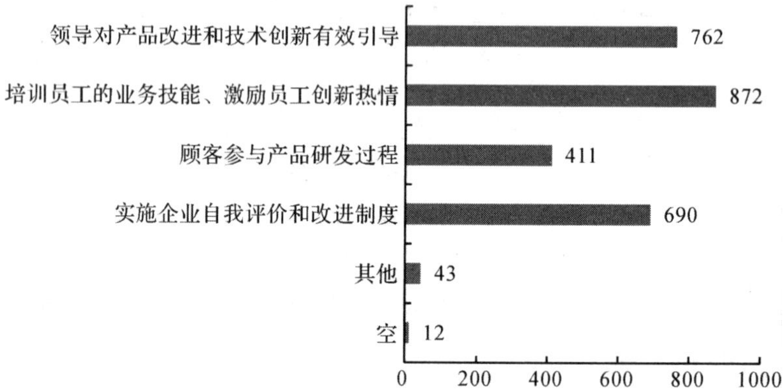

图3-55 2014年受调研企业选择促进质量改进和创新方式

社会事业

1.支持科学、文化、体育投入

从投入科学、文化、体育领域资金额情况看,2013年和2014年此类投入金额在10万元以下的企业分别有149家和134家,占15.2%和13.6%;2013年和2014年公益慈善科学、文化、体育领域投入金额在10万—100万元的企业分别有33家和54家,占3.4%和5.5%;2013年和2014年公益慈善科学、文化、体育领域投入金额在100万元以上的企业分别有8家和11家,占0.8%和1.1%。未填写本题的企业分别有792家和783家,占80.7%和79.7%。(图3-56)

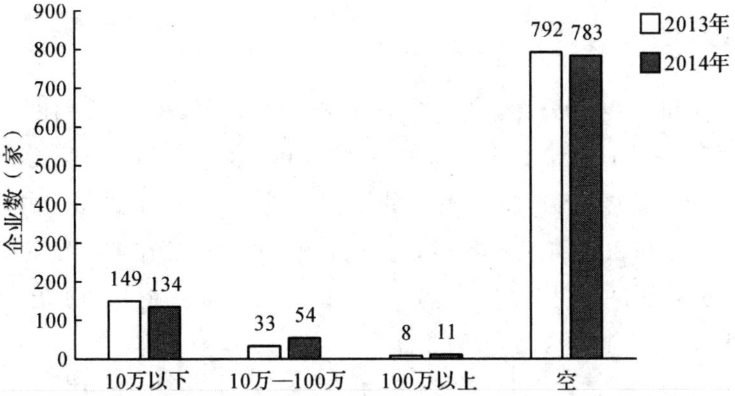

图 3-56　2013 年和 2014 年受调研企业科学文化体育投入情况

2.教育

2013 年和 2014 年公益慈善教育领域投入金额在 10 万元以下的企业分别有 229 家和 210 家，占 23.3%和 21.4%；2013 年和 2014 年公益慈善教育领域投入金额在 10 万—100 万元的企业分别有 96 家和 108 家，占 9.8%和 11.0%；2013 年和 2014 年公益慈善教育领域投入金额在 100 万—1000 万元的企业分别有 23 家和 18 家，占 2.3%和 1.8%；2013 年和 2014 年公益慈善教育领域投入金额在 1000 万元以上的企业分别有 7 家和 5 家，占 0.7%和 0.5%。未填写本题的企业分别有 627 家和 641 家，占 63.8%和 65.3%。（图 3-57）

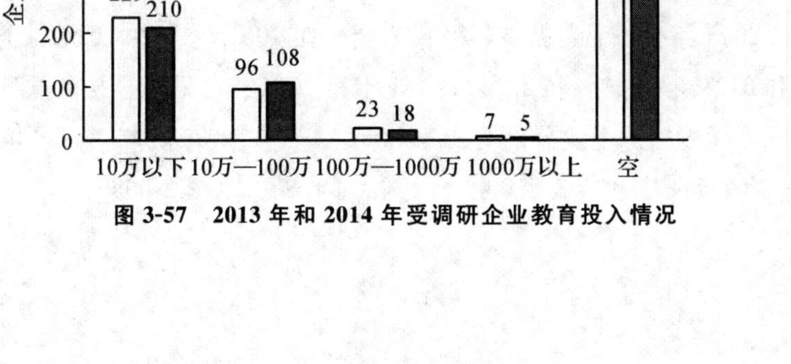

图 3-57　2013 年和 2014 年受调研企业教育投入情况

3. 医疗卫生

2013 年和 2014 年公益慈善卫生医疗领域投入金额在 10 万元以下的企业分别有 117 家和 111 家,占 11.9%和 11.3%;2013 年和 2014 年公益慈善卫生医疗领域投入金额在 10 万—100 万元的企业分别有 29 家和 28 家,占 3.0%和 2.9%;2013 年和 2014 年公益慈善卫生医疗领域投入金额在 100 万元以上的企业分别有 9 家和 7 家,占 0.9%和 0.7%。未填写本题的企业分别有 827 家和 836 家,占 84.2%和 85.1%。(图 3-58)

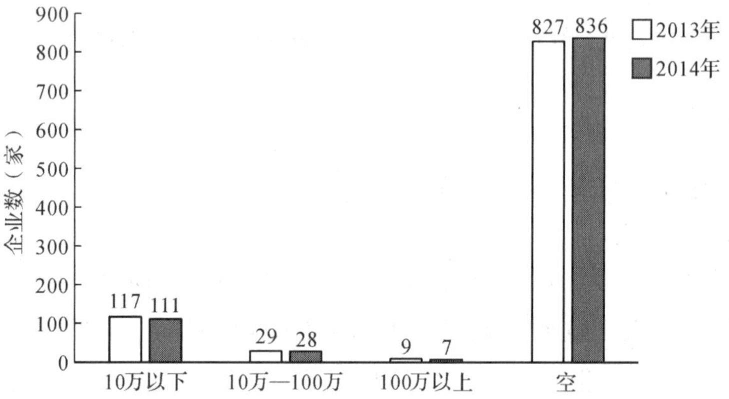

图 3-58　2013 年和 2014 年受调研企业公益慈善医疗卫生投入情况

慈善事业

1. 扶贫

2013 年和 2014 年公益慈善扶贫领域投入金额在 10 万元以下的企业分别有 269 家和 249 家,占 27.4%和 25.4%;2013 年和 2014 年公益慈善扶贫领域投入金额在 10 万—100 万元的企业分别有 146 家和 169 家,占 14.9%和 17.2%;2013 年和 2014 年公益慈善扶贫领域投入金额在 100 万—1000 万元的企业分别有 19 家和 21 家,占 1.9%和 2.1%;2013 年和 2014 年公益慈善扶贫领域投入金额在 1000 万元以上的企业分别有 4 家和 5 家,占 0.4%和 0.5%。未填写本题的企业分别有 544 家和 538 家,占 55.4%和 54.8%。(图 3-59)

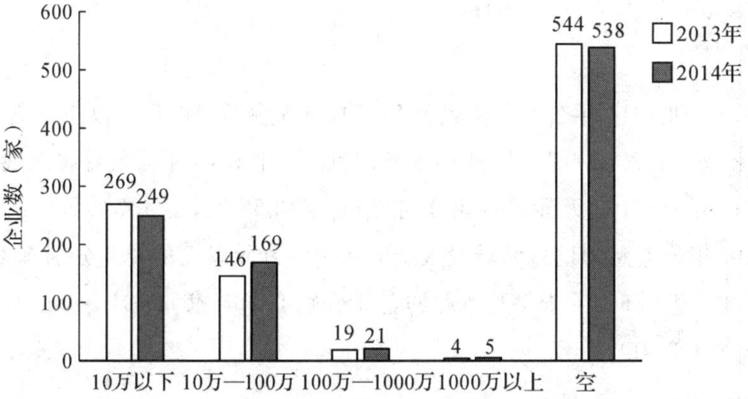

图 3-59　2013 年和 2014 年受调研企业公益慈善扶贫投入情况

2. 救灾

2013 年和 2014 年公益慈善救灾领域投入金额在 10 万元以下的企业分别有 158 家和 130 家，占 16.1%和 13.2%；2013 年和 2014 年公益慈善救灾领域投入金额在 10 万—100 万元的企业分别有 38 家和 34 家，占 3.9%和 3.5%；2013 年和 2014 年公益慈善救灾领域投入金额在 100 万元以上的企业分别有 16 家和 8 家，占 1.6%和 0.8%。未填写本题的企业分别有 770 家和 810 家，占 78.4%和 82.5%。（图 3-60）

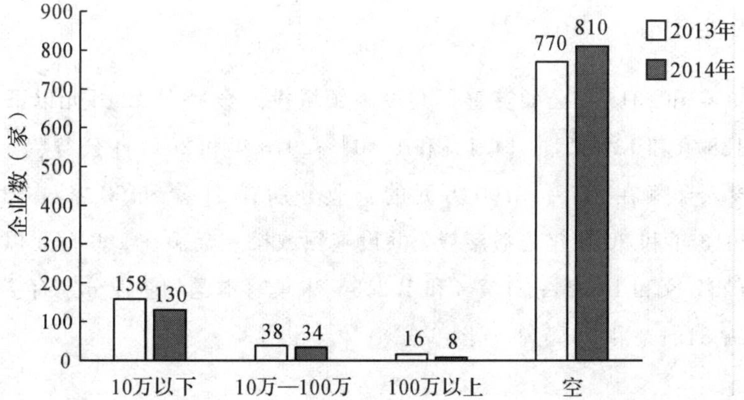

图 3-60　2013 年和 2014 年受调研企业公益慈善救灾投入情况

3. 助残

2013 年和 2014 年公益慈善助残领域投入金额在 10 万元以下的企业分别有 169 家和 157 家,占 17.2%和 16.0%;2013 年和 2014 年公益慈善助残领域投入金额在 10 万—100 万元的企业分别有 46 家和 58 家,占 4.7%和 5.9%;2013 年和 2014 年公益慈善助残领域投入金额在 100 万元以上的企业分别有 4 家和 6 家,占 0.4%和 0.6%。未填写本题的企业分别有 763 家和 761 家,占 77.7%和 77.5%。(图 3-61)

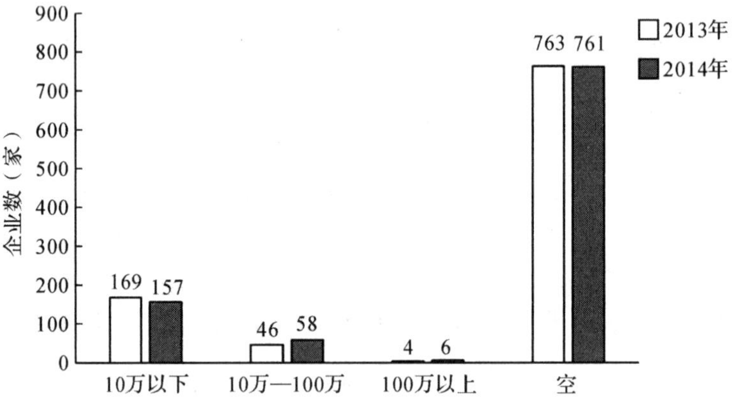

图 3-61 2013 年和 2014 年受调研企业公益慈善助残投入情况

4. 公共设施

2013 年和 2014 年公益慈善公共设施领域投入金额在 10 万元以下的企业分别有 138 家和 137 家,占 14.1%和 14.0%;2013 年和 2014 年公益慈善公共设施领域投入金额在 10 万—100 万元的企业分别有 31 家和 62 家,占 3.2%和 6.3%;2013 年和 2014 年公益慈善公共设施领域投入金额在 100 万元以上的企业分别有 17 家和 12 家,占 1.7%和 1.2%。未填写本题的企业分别有 796 家和 771 家,占 81.1%和 78.5%。(图 3-62)

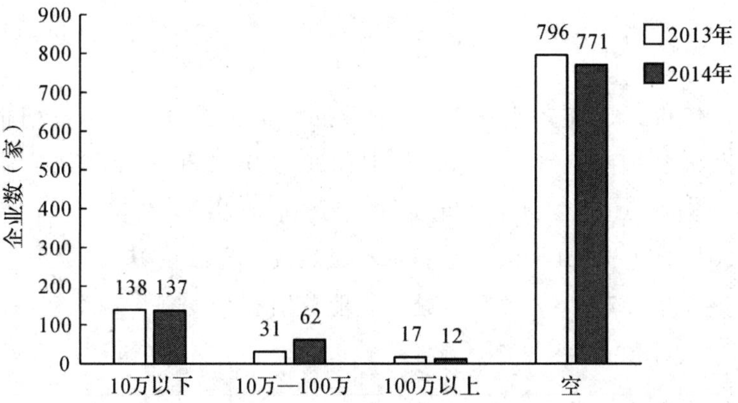

图 3-62　2013 年和 2014 年受调研企业公益慈善公共设施投入情况

5. 产业帮扶

2013 年和 2014 年公益慈善产业帮扶领域投入金额在 10 万元以下的企业分别有 91 家和 93 家，占 9.3%和 9.5%；2013 年和 2014 年公益慈善产业帮扶领域投入金额在 10 万—100 万元的企业分别有 24 家和 25 家，占 2.4%和 2.5%；2013 年和 2014 年公益慈善产业帮扶领域投入金额在 100 万元以上的企业分别有 7 家和 9 家，占 0.7%和 0.9%。未填写本题的企业分别有 860 家和 855 家，占 87.6%和 87.1%。(图 3-63)

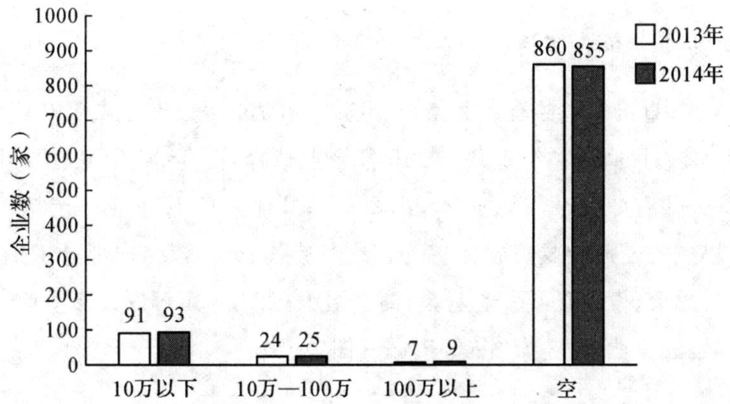

图 3-63　2013 年和 2014 年受调研企业公益慈善产业帮扶投入情况

6.其他

2013年和2014年其他公益慈善领域投入金额在10万元以下的企业分别有195家和204家,占19.9%和20.8%;2013年和2014年其他公益慈善领域投入金额在10万—100万元的企业分别有78家和87家,占7.9%和8.9%;2013年和2014年其他公益慈善领域投入金额在100万元以上的企业都有27家,占2.7%。未填写本题的企业分别有682家和664家,占69.5%和67.6%。(图3-64)

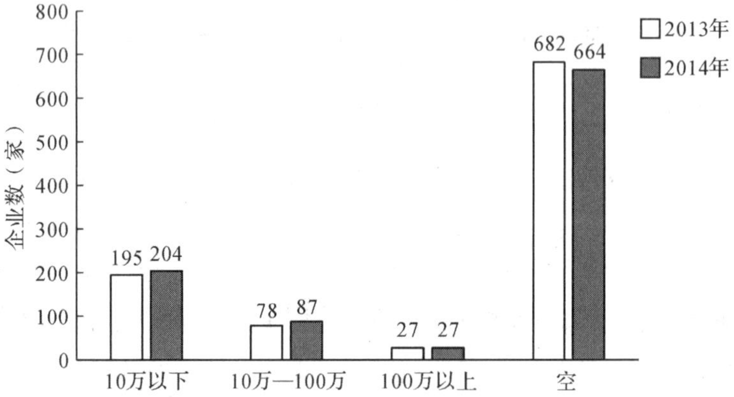

图3-64 2013年和2014年受调研企业其他慈善投入情况

6.企业慈善捐赠途径

2013年,直接捐赠共有482家企业选择,占75.2%;政府共有361家企业选择,占56.3%;民间公益组织共有246家企业选择,占38.4%;其他基金会设立的专项基金共有209家企业选择,占32.6%;其他共有22家企业选择,占3.4%(包括:设立"关爱孤儿成长冠名"基金,参与慈善总会活动,内部员工捐助;对口帮扶;慈善总会;设立正泰公益基金;商会组织;舟山市定海区光彩事业促进会)。未填写本题的企业有42家,占6.6%。(图3-65)

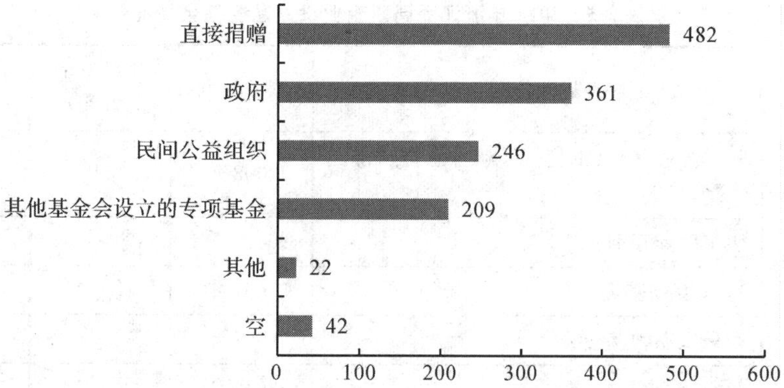

图 3-65　2013 年受调研企业慈善捐赠途径

设立慈善公益基金情况

1. 企业设立公益慈善基金情况

2013 年和 2014 年的情况没有大的变化，未填写的企业分别有 600 家和 817 家，占 84.9％和 83.2％。2013 年共有 107 家企业成立慈善基金，占 15.1％；2014 年共有 165 家企业成立慈善基金，占 16.8％。（图 3-66）

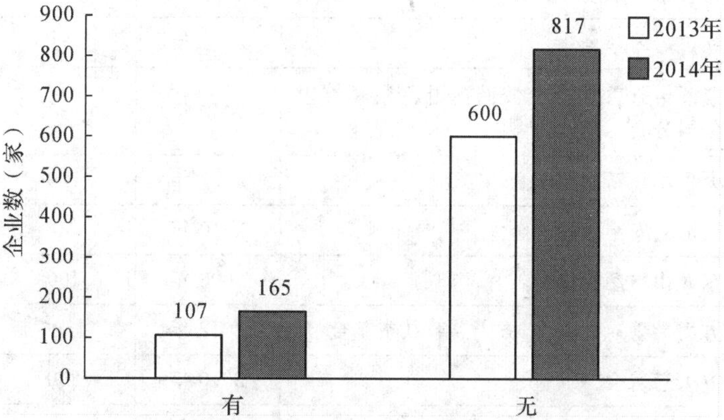

图 3-66　企业设立慈善基金情况

2. 浙商设立慈善公益情况

根据 2014 年受调研企业情况，浙江省内 982 家民营企业已经参与设立 160 家慈善公益基金。据不完全统计，合计注册资金 30359 万元，管理资金或募集资金总额 88372.91 万元（表 3-5）。

表 3-5 2014 年浙江受调研企业设立慈善基金情况

序号	基金名称	成立时间	注册资金（万元）	基金额（万元）
1	阿祥爱心基金（市、县、区慈善总会和市红十字会	2008 年	/	250
2	职工医疗互助	/	/	10
3	1＋1 互助基金	2007 年	/	60
4	爱乐宝慈善基金分会	2007 年	50	50
5	爱心基金会	2010 年	/	15
6	安吉县企业家助学基金	2006 年	200	351
7	帮困救助基金会	2008 年	1	10
8	北仑区慈善创始基金	2006 年	/	120
9	博爱助困基金	2014 年	/	100
10	步阳集团千万公益基金	2005 年以前	2000	2000
11	陈晓春奖教基金	2012 年	500	500
12	慈善帮扶基金	2013 年	/	10
13	慈善冠名基金	2011 年	/	1200
14	慈溪市慈善总会宁波鸿达电机模具有限公司分会	2010 年	/	320
15	大侣小学新兴奖学金	2007 年	100	100
16	德清县安泰血疑基金	2010 年	30	/
17	东龙山村慈善协会	2008 年	100	500
18	方力慈善冠名基金，方力慈善扶贫基金	2012 年	/	100
19	方太慈善会	2010 年	200	1500
20	飞神互助基金会	2012 年	/	20
21	丰华慈善冠名基金	2011 年	/	400
22	扶贫教育基金会	2012 年	/	/
23	福斯特爱心助学基金	2014 年	/	/
24	富丽达·萧山知联人民教育基金	2010 年	1500	1500

续　表

序号	基金名称	成立时间	注册资金（万元）	基金额（万元）
25	富润控股集团有限公司困难职工基金会	2005 年以前	100	1000
26	格莱特慈善冠名基金	2006 年		500
27	公益慈善基金(10 万元/年)			10
28	关爱基金	2011 年		
29	冠名慈善基金	2005 年以前	1000	1000
30	广天日月慈善帮困基金	2011 年		500
31	海达慈善帮扶基金			200
32	海曙慈善总会助学基金	2007 年		700
33	恒尊慈善基金		100	
34	红五环集团爱心基金	2013 年		30
35	洪波生育关怀基金	2010 年		200
36	华峰诚志助学金，温州大学华峰品德奖	2007 年	1000	1000
37	华海药业冠名定向基金			5000
38	华鸿爱心基金	2005 年以前		200
39	华瑞电器慈善冠名基金	2009 年		100
40	华通职工互助基金			50
41	华鑫慈善基金	2005 年以前		1000
42	华缘留本冠名慈善基金	2006 年		500
43	黄河·关爱环卫工人慈善基金	2010 年	1000	30
44	计划生育爱心基金	2005 年以前		10
45	佳利济困慈善基金	2010 年		300
46	佳音基金			5
47	见义勇为基金			150
48	解困救急互助基金	2007 年		60.06
49	解困救济互助资金会	2008 年		18.9
50	金佰汇慈善基金	2012 年	100	100

续 表

序号	基金名称	成立时间	注册资金（万元）	基金额（万元）
51	金帝集团有限公司慈善基金会	2007年		148.65
52	金洲定向冠名基金	2010年		1000
53	开元慈善基金和开元救助基金	2005年以前		1300
54	莱美公司1+1帮困基金	2005年以前		5
55	力邦慈善基金	2010年	200	
56	立天集团扶贫济困助学基金	2011年		100
57	沥海镇奖教奖学基金	2005年以前	1500	150
58	联丰爱心基金			
59	临安市帝龙奖教助学基金	2008年		110
60	妈咪宝爱心救助基金会	2008年	10	77.3
61	美康生物慈善扶贫基金	2008年	0	600
62	美欣达冠名救助金	2008年	1000	100
63	南方泵业慈善基金	2013年		300
64	南浔中学升学奖励基金			100
65	宁波市吉旺助困基金,宁海县吉旺助医基金	2005年以前		2200
66	宁波市鄞州区古林镇慈善分会开诚工艺品慈善工作站	2009年		200
67	宁波长振铜业有限公司红十字会	2014年	5	17.1
68	宁国寺永发佛教文化发展基金	2013年		90
69	瓯海区慈善总会伟明分会	2009年		1000
70	欧宝慈善助学基金	2010年		103
71	欧华慈善助学基金	2008年		100
72	平湖市慈善总会			
73	平阳县第二人民医院医护人员服务与质量提升奖励基金	2013年		250
74	平阳县一鸣慈善基金会		200	200

续　表

序号	基金名称	成立时间	注册资金（万元）	基金额（万元）
75	浦森教育基金	2014 年		100
76	普农家电红十字博爱基金	2009 年	25	200
77	企业爱心互助基金会	2010 年		10
78	企业冠名基金	2006 年		50
79	企业家基金	2014 年	21	21
80	企业职工助困互助基金，企业留本冠名基金，史利英助困教育基金	2009 年		2020
81	起步慈善基金会	2012 年		1000
82	千年舟集团员工爱心帮扶互助会	2005 年前		
83	庆元县鑫光关爱生命基金会	2008 年	100	100
84	日升集团教育基金			200
85	荣盛教育奖励基金	2011 年	600	1000
86	三美慈善基金	2009 年		3000
87	三门慈善总会			10
88	上海自闭症儿童基金会			35
89	上虞区铜业商会基金会	2010 年	100	100
90	邵钦祥学生创业基金	2013 年		500
91	世茂铜业慈善基金会	2008 年	500	500
92	水晶光感恩基金	2010 年		59
93	顺峰慈善基金	2008 年		
94	四通慈善基金	2011 年	20	100
95	苏尔达爱心基金会	2011 年		10
96	台州市志勇解困助学基金	2014 年	300	300
97	天港爱心基金	2012 年	1000	1000
98	天平互助基金会	2008 年		31.6
99	天信仪表集团冠名基金	2012 年		50

续 表

序号	基金名称	成立时间	注册资金（万元）	基金额（万元）
100	团中央青年人才开发法派基金	2005年前	1000	1000
101	陀曼新昌中学教育基金(10万元/年),芜湖陀曼助学基金每年(200万元/年)	2012年	/	/
102	王振滔慈善基金会	2007年	2000	15000
103	温州金源化工有限公司爱心互助基金会	2013年		
104	温州金州永强慈善基金会	2011年	500	500
105	温州市瓯海区慈善总会农商银行分会	2007年	/	/
106	温州市瓯海区慈善总会森马分会	2006年	2000	2000
107	吴兴区慈善总会	2010年	/	250
108	西兴街道兴耀慈善基金	2005年前	/	120
109	心连心基金会	2010年	5	10
110	新亚控股集团慈善冠名基金	2009年	/	1800
111	新亚职工关爱基金	2011年	/	/
112	信质爱心互助基金	2013年	/	/
113	星箭爱心基金	2007年	11	11
114	熊瑞英助学兴教基金会	2005年前	16	47.5
115	雪龙慈善基金	/	/	500
116	雅戈尔慈善助学奖学基金,雅戈尔爱心助医基金	2014年	3600	3600
117	亚龙基金会	2010年	1000	/
118	亚特电器慈善爱心基金	2014年	0	10
119	一元爱心公益基金会	2013年	/	5
120	易志龙慈善扶贫基金	2011年	/	1000
121	意尔康慈善基金	/	/	/
122	银亿慈善基金	2007年	/	3000
123	尤奈特职工医疗互助基金	2005年前	10	30
124	於潜中学绿筠基金会	2005年前	/	10

续 表

序号	基金名称	成立时间	注册资金（万元）	基金额（万元）
125	余姚金源慈善基金	2005 年前		50
126	宇杰集团冠名慈善救助基金	2008 年		1000
127	玉环县五丰蒸干脱脂鱼粉厂慈善救助基金	2010 年	20	20
128	育才慈善基金	2012 年	1000	
129	员工关爱互助基金	2012 年	2	2
130	员工互动基金	2011 年		
131	员工基金和管理效益股			1800
132	越美慈善基金	2008 年		3000
133	张鑫奖教基金	2012 年	300	300
134	长城空调慈善助困基金	2007 年		100
135	长青慈善冠名基金			250
136	浙江 001 集团有限公司职工基金会	2011 年		8
137	浙江不老神爱心基金			10
138	浙江馥莉慈善基金会	2014 年	200	200
139	浙江海天慈善基金会	2013 年	1000	1000
140	浙江海中洲集团工会帮困基金	2005 年前		
141	浙江家业控股集团有限公司冠名救助基金	2011 年		50
142	浙江梁焕木水利基金会	2013 年		3100
143	浙江省大学生飞跃助学基金	2005 年前	1000	1000
144	浙江省康恩贝慈善救助基金会	2007 年	200	
145	浙江省李书福资助教育基金会	2006 年	200	500
146	浙江圣奥慈善基金会	2011 年	2000	1450
147	浙江司太立制药股份有限公司慈善救助基金	2013 年		3000
148	浙江万超员工互助基金会	2014 年	30	60
149	浙江五芳斋实业股份有限公司爱心基金			180

续　表

序号	基金名称	成立时间	注册资金（万元）	基金额（万元）
150	正始中学教育发展基金	2014年	500	30
151	职工互助基金	2014年		30
152	职工互助基金	2005年前	3	3.5
153	职工意外风险基金	2013年		8.3
154	志高掘进公益基金	2013年	200	200
155	志清实业冠名基金			1000
156	中淳高科桩业留本冠名基金	2010年		300
157	中华慈善总会三生爱心基金	2012年		
158	中通物流慈善冠名基金			100
159	中意慈善帮扶基金			200
160	助困慈善基金	2007年		200

参与光彩事业情况

1.参与光彩事业项目数

2013年和2014年参与光彩事业项目总数为0项的企业分别有43家和39家，占4.3%和4.0%；2013年和2014年参与光彩事业项目总数为1—5项的企业分别有129家和150家，占13.1%和15.3%；2013年和2014年参与光彩事业项目总数为6—10项的企业分别有9家和8家，占0.9%和0.8%；2013年和2014年参与光彩事业项目总数为10项以上的企业分别都有9家，占0.9%。未填写本题的企业分别有792家和776家，占80.7%和79.0%。(图3-67)

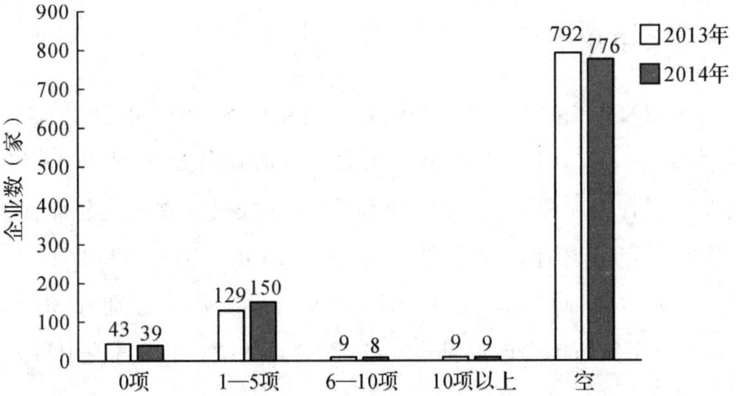

图 3-67　2013 年和 2014 年受调研企业参与光彩事业项目情况

2. 光彩事业项目年度到位资金

2013 年和 2014 年项目年度到位资金在 10 万元以下的企业分别有 75 家和 76 家，占 7.6%和 7.7%；2013 年和 2014 年项目年度到位资金在 10 万—100 万的企业分别有 48 家和 51 家，占 4.9%和 5.2%；2013 年和 2014 年项目年度到位资金在 100 万以上的企业分别有 32 家和 43 家，占 3.3%和 4.4%。未填写本题的企业分别有 827 家和 812 家，占 84.2%和 82.7%。（图 3-68）

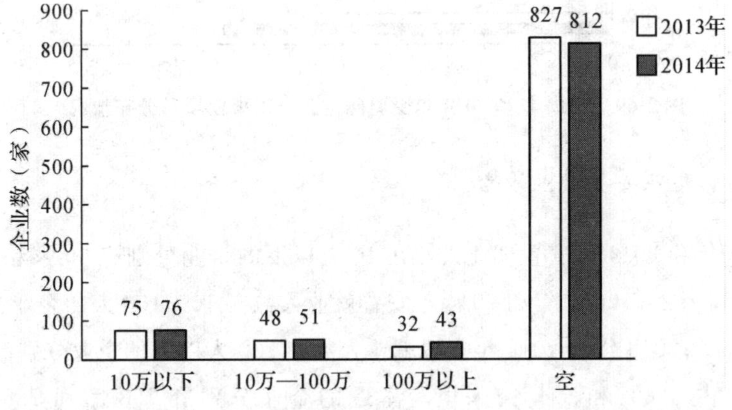

图 3-68　2013 年和 2014 年受调研企业光彩事业项目年度到位资金情况

3. 光彩事业项目特点

2013 年和 2014 年农业产业化分别有 7 项和 5 项,2013 年和 2014 年林业国土绿化分别都是 0 项,2013 年和 2014 年农村旅游业都是 1 项,2013 年和 2014 年市场建设分别有 2 项和 3 项,2013 年和 2014 年农村非农产业分别有 1 项和 3 项,2013 年和 2014 年环保产业分别有 10 项和 15 项,2013 年和 2014 年高新技术分别有 19 项和 18 项,2013 年和 2014 年基础设施建设分别有 8 项和 9 项,2013 年和 2014 年参与国企改制都是 0 项,2013 年和 2014 年其他项目分别有 10 项和 12 项。(图 3-69)

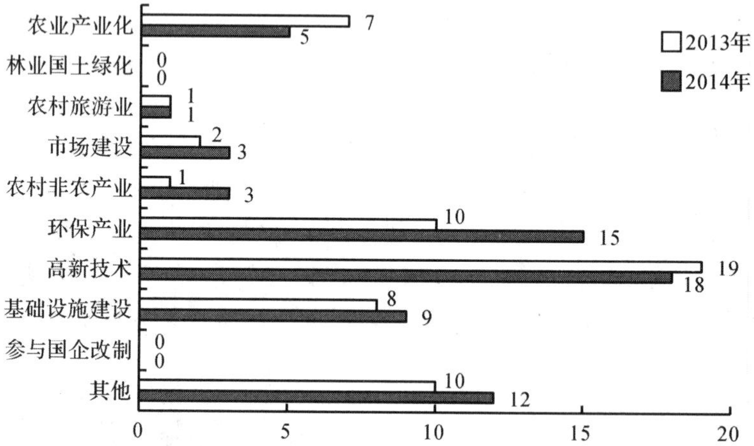

图 3-69　2013 年和 2014 年受调研企业光彩事业项目分布情况

4. 光彩事业安置就业人数

2013 年和 2014 年安置就业人数在 10 人以下的企业分别有 69 家和 71 家,占 7.0%和 7.2%;2013 年和 2014 年安置就业人数在 10—100 人的企业都是 65 家,占 6.6%;2013 年和 2014 年安置就业人数在 100 人以上的企业分别有 55 家和 60 家,占 5.6%和 6.1%;未填写本题的企业分别有 793 家和 786 家,占 80.8%和 80.0%。(图 3-70)

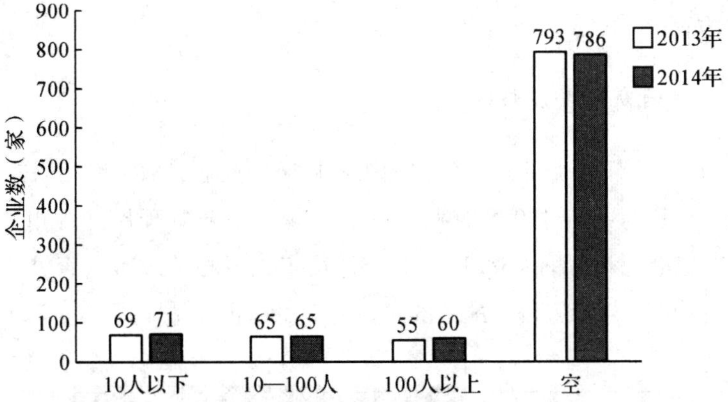

图 3-70　2013 年和 2014 年受调研企业光彩事业安置就业情况

5. 光彩事业带动脱贫人数

2013 年和 2014 年带动脱贫人数在 10 人以下的企业分别有 48 家和 51 家，占 4.9%和 5.2%；2013 年和 2014 年带动脱贫人数在 10—100 人的企业分别有 42 家和 37 家，占 4.3%和 3.8%；2013 年和 2014 年带动脱贫人数在 100 人以上的企业分别有 23 家和 27 家，占 2.3%和 2.7%；未填写本题的企业分别有 869 家和 867 家，占 88.5%和 88.3%。（图 3-71）

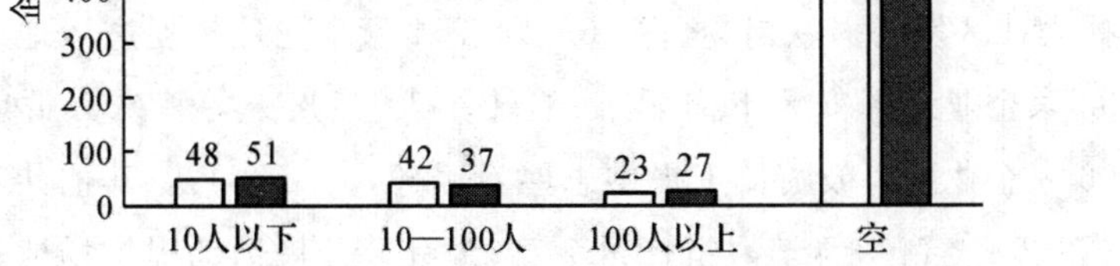

图 3-71　2013 年和 2014 年受调研企业光彩事业带动脱贫情况

其他方面

1. 企业防治商业腐败与贿赂

2013 年,有 427 家企业选择建立相关制度防治商业腐败与贿赂,占 66.6%;依法处理违规行为共有 420 家企业选择,占 65.5%;对管理层进行相关政策教育共有 443 家企业选择,占 69.1%;对全体员工进行相关政策教育共有 422 家企业选择,占 65.8%。未填写本题的企业有 30 家,占 4.7%。(图 3-72)

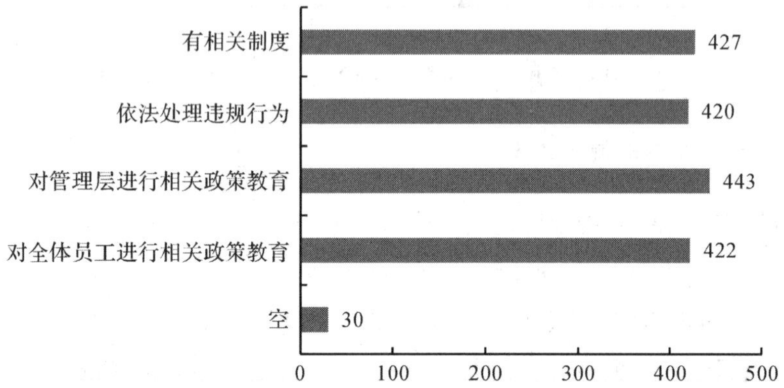

图 3-72 2013 年受调研企业反商业贿赂情况

2. 企业参与社区建设

2014 年,受调研企业中有 368 家企业选择依法对社区资源利用进行合理补偿,占 37.5%;有 521 家企业选择推动当地基础设施建设,占 53.1%;498 家企业选择改善社区环境,占 50.7%;640 家企业选择尊重当地文化,占 65.2%;557 家企业选择为社区发展捐款捐物,占 56.7%;754 家企业选择促进本地就业,占 76.8%;493 家企业选择安置下岗职工、复转军人、残疾人等特殊人群就业,占 50.2%;406 家企业选择鼓励员工提供志愿者服务,占 41.34%;其他共有 22 家企业选择,占 2.2%(包括:学习雷锋月活动;为社区开展活动提供场地;看望片区孤寡老人;按社区要求积极参与活动)。未填写本题的企业有 17 家,占 1.7%。(图 3-73)

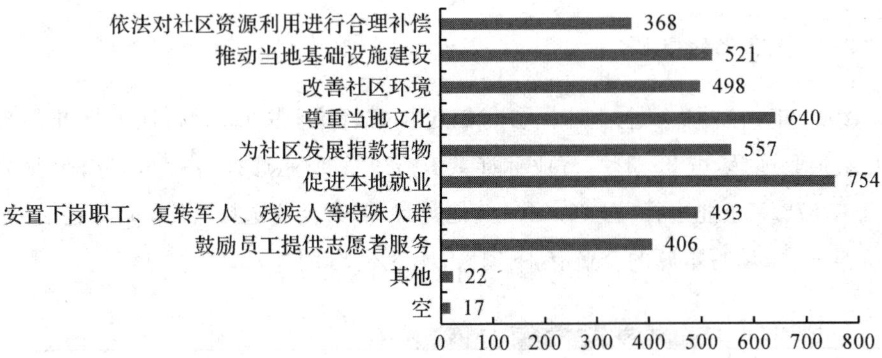

图 3-73 2014 年受调研企业参与社区建设情况

3. 企业文化方面

2013 年,322 家企业有自办媒介,占 50.2%;172 家企业已经开发了视觉识别系统,占 26.8%;419 家企业制作了企业文化手册,占 65.4%;520 家企业举办各种企业文化活动,占 81.1%;举办过专题报告会的有 144 家企业,占 22.5%;开展社会责任专题实践活动的有 183 家企业,占 28.6%;494 家企业举办教育培训,占 77.1%;3 家企业选择其他方式(包括:公司内宣传栏、电子公告、平时培训等;"四结合班组建设";著作出版),占 0.5%。未填写本题的企业有 22 家,占 3.4%。(图 3-74)

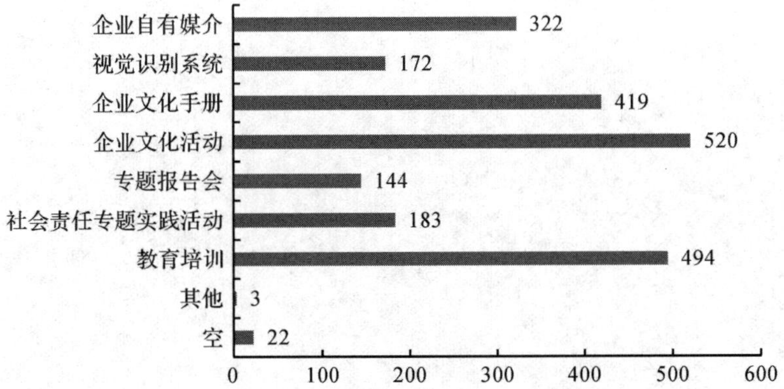

图 3-74 2013 年受调研企业企业文化建设情况

4. 对标准化的贡献

2014年,有413家企业选择参与制定国家标准,占42.1%;地方标准共有248家企业选择,占25.3%;行业标准共有639家企业选择,占65.1%;企业标准共有678家企业选择,占69.0%;其他共有44家企业选择,占4.5%(包括:国际标准)。未填写本题的企业有45家,占4.6%。(图3-75)

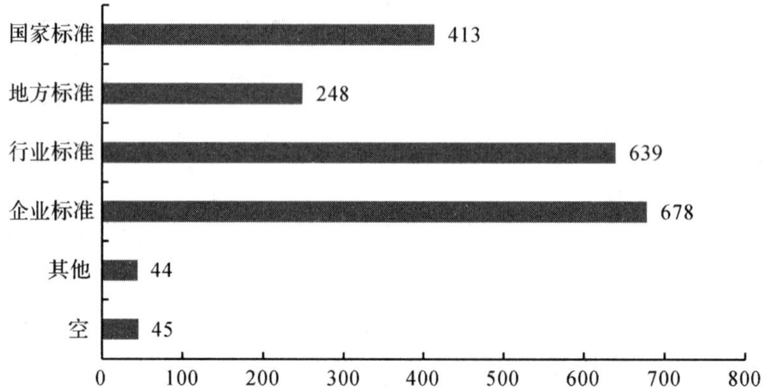

图3-75 2014年受调研企业在制定标准方面的贡献

参考文献

[1] 李立清,李燕凌. 企业社会责任研究[M]. 北京:人民出版社,2005.

[2] 莱因哈德・默恩. 企业家的社会责任[M]. 沈锡良,译. 北京:中信出版社,2005.

[3] 张天文,徐世鼎,阳万雄. 社会责任标准 8000(SA8000)对我国企业的影响及应对措施[J]. 中国工运,2004(11):35—36.

[4] 陈志坚. SA8000:企业牵手社会责任[J]. 企业改革与管理,2004(10):46—48.

[5] 林芳,冯丽丽. 欧洲企业社会责任:发展现状・履行方式・评价框架[J]. 财会月刊, 2011(35):72—75.

[6] 黎友焕,魏升民. 企业社会责任博弈分析[J]. 平顶山学院学报,2011(05):96—97.

[7] 迈克尔・波特. 竞争论[M]. 高登第,李明轩,译. 北京:中信出版社, 2002.

[8] 菲利普・科特勒,南希・李. 企业的社会责任[M]. 姜文波,等,译. 北京:机械工业出版社, 2006.

[9] 黄孟复,中华全国工商业联合会. 中国民营企业发展报告[M]. 北京: 社会科学文献出版社, 2005.

[10] 李薇. 国有企业海外投资困境分析与对策[J]. 中国新技术新产品, 2012(8).

[11] Lei Wang, Heikki Juslin. The Impact of Chinese Culture on Corporate Social Responsibility: The Harmony Approach[J]. Journal of Business Ethics, 2009(3).

[12] Philippe Gugler, Jacylyn Y J Shi. Corporate Social Responsibility for Developing Country Multinational Corporations: Lost War in Pertaining Global Competitiveness? [J]. Journal of Business Ethics, 2009(1).

后　记

记述和研究当代中国企业和企业家，探索经济发展和现代文明之中国特色，为中国企业家立传，总结经验，提供启示、警示和预警，是我多年来的一贯追求。

八年来，在各方面的支持下，浙商发展报告系列坚持出版到了第5部。

2015年上半年，我们在梳理浙江社会经济和浙商发展情况的同时，还参与对浙江省内民营企业“走出去”和参与“一带一路”情况专题调研，并受委托对浙江省工商联主持进行的民营企业社会责任调研基础资料进行分析整理。这些基础资料，为本报告提供了基本素材。

在调研中，笔者与浙江省工商联的诸位领导和专家们，一起度过了辛劳而愉快的时光。浙江省工商联研究室主任刘志义、副主任景柏春为本报告出版做出了贡献，叶定宽、孙露薇协助进行了问卷数据统计整理和资料搜集工作。

问对（上海）企业管理咨询有限公司，为本报告提供资助。

在本报告出版过程中，浙江工商大学出版社鲍观明社长、郑建主任及各位编辑们付出了辛勤的劳动。

感谢所有为本报告出版付出劳动的人们！

敬请读者提出批评指正！

李建华

2015年10月

图书在版编目(CIP)数据

2015浙商发展报告：国家战略与社会责任 / 李建华著. — 杭州：浙江工商大学出版社，2016.1
ISBN 978-7-5178-1365-1

Ⅰ. ①2… Ⅱ. ①李… Ⅲ. ①企业发展战略—研究报告—浙江省—2015 Ⅳ. ①F279.275.5

中国版本图书馆CIP数据核字(2015)第256319号

2015浙商发展报告:国家战略与社会责任

李建华 著

出 品 人	鲍观明
策划编辑	郑 建
责任编辑	庞铁博 胡亚娟
封面设计	鲍 涵
责任印制	包建辉
出版发行	浙江工商大学出版社 (杭州市教工路198号 邮政编码310012) (E-mail:zjgsupress@163.com) (网址:http://www.zjgsupress.com) 电话:0571-88904980,88831806(传真)
排 版	杭州朝曦图文设计有限公司
印 刷	杭州五象印务有限公司
开 本	710mm×1000mm 1/16
印 张	11
字 数	180千
版 印 次	2016年1月第1版 2016年1月第1次印刷
书 号	ISBN 978-7-5178-1365-1
定 价	36.00元

浙江工商大学出版社营销部邮购电话 0571-88904970